绿色经济100问

任群星　许少亮　陶勇◎著

文化发展出版社
Cultural Development Press
·北京·

图书在版编目（CIP）数据

绿色经济100问 / 任群星，许少亮，陶勇著．
北京：文化发展出版社，2025．7．—ISBN 978-7-5142-
4675-9

Ⅰ．F062.2-44

中国国家版本馆CIP数据核字第2025JM5548号

绿色经济100问

任群星　许少亮　陶　勇　著

责任编辑：安玉霞　　责任校对：侯　娜
责任印制：邓辉明　　封面设计：思享文化
出版发行：文化发展出版社（北京市翠微路2号　邮编：100036）
网　　址：www.wenhuafazhan.com
经　　销：全国新华书店
印　　刷：三河市中晟雅豪印务有限公司

开　　本：880mm×1230mm　1/32
印　　张：8.75
字　　数：160千字
版　　次：2025年7月第1版
印　　次：2025年7月第1次印刷

定　　价：68.00元
I S B N：978-7-5142-4675-9

《绿色经济100问》著作团队

主 著 作 者： 任群星　许少亮　陶　勇

参与著作者： 康　超　吴荣伟　陈　情　沈　晗

杨惠贤　赖志朋　沈静文　王欣婷

王睿智　许　鑫

作者简介

任群星　女，高级工程师，现任福建中咨工程咨询有限公司执行董事、总经理，福建中咨规划设计研究集团有限公司董事长。从事工程咨询工作二十余年，始终坚守在业务一线，具有丰富经验。研究领域包括项目策划、产业研究、规划咨询、评估咨询、管理咨询、PPP咨询等，主持或参与完成的项目获得省部奖2项。

许少亮　男，正高级工程师，正高级经济师，注册城乡规划师，硕士生导师。现任福建中咨工程咨询有限公司总经理助理，福建中咨规划设计研究集团有限公司董事、总经理。研究领域包括项目策划、产业研究、规划研究、工程咨询、国土空间规划、工程设计、乡村振兴等课题。主持或参与完成的项目获得省部奖18项，发表专业论文16篇，取得发明专利1项。

陶勇　男，正高级工程师，注册城乡规划师，硕士生导师，博士。现任福建中咨规划设计研究集团有限公司董事、副总经理。研究领域包括项目策划、规划研究、国土空间规划、工程设计、乡村振兴等课题。主持或参与完成的项目获得省部奖48项。

内容简介

《绿色经济100问》全面解析了绿色经济的内涵、发展趋势和路径，旨在帮助读者深入了解绿色经济在推动可持续发展中的重要作用。本书探讨了绿色经济的概念及其在城市发展中的应用。内容涵盖绿色能源、绿色建筑、绿色交通、绿色金融实践等多个领域；展示了绿色经济如何优化产业结构和环境保护；分析了绿色经济发展面临的政策、技术和社会挑战，并提出了应对策略，研究了如何通过绿色经济促进区域协调和城乡一体化发展。此外，对绿色经济的数字化转型、人工智能应用进行了重点分析，突出绿色经济在推动中国实现高质量发展中重要价值。

福建中咨规划集团
微信公众号

序　言

全球气候危机持续加剧，资源环境约束不断收紧，发展绿色经济已成为世界各国实现可持续发展的必然选择。我国提出“双碳”目标，将绿色发展战略纳入国家整体发展大局，全面推动经济社会发展向绿色转型。

在当前全球绿色发展浪潮和我国“双碳”目标背景下，福建中咨规划设计研究集团（以下简称福建中咨规划集团）精心撰写的《绿色经济100问》创新性采用问答体形式，系统阐释了绿色经济的理论体系、实践模式和政策架构三大维度，既深入浅出地解析了绿色发展的核心要义，又提供了切实可行的实施路径，是一部融学术性、实用性和指导性于一体的绿色发展全景式指南。

《绿色经济100问》通过百个递进式问答，系统构建了涵盖绿色能源、循环经济、低碳技术、政策法规等关键领域的知识体系。全书探讨了“绿色发展的必要性”和“技术突破路径”等理论命题，也解答了“政策协同机制”和“产业落地实践”等现实问题，形成了从理念到实践的完整认知闭环。

在内容架构上，本书突出三大特色：一是聚焦绿色技术与实体经济的深度融合，通过智能电网、氢能产业、生态农业等典型案例，揭示绿色转型对产业链效率的重构逻辑；二是直面能源结构调整、区域发展不平衡等转型难题，体现研究的现实关切与前瞻思考；三是构建“技术—经济—社会”三维分析框架，既对绿色基础设施、循环经济园区等硬件布局提出系统性方案，又深入分析绿色转型对就业、消费和区域协调发展的多维影响。

近年来，中国国际工程咨询有限公司正全力打造国家高端智库，以福建中咨规划集团为代表的所属单位也持续加大智库研究力度，必将为“中咨品牌”注入新活力，为中国式现代化贡献更多“中咨方案”和“中咨智慧”。

本书是工程咨询行业丛书中的行业通识类书籍。为进一步加大行业研究工作的宣传力度，构建工程咨询行业出版物体系，中国工程咨询协会规划了智库研究、理论指南、标准规范、行业通识、年度报告、其他等六类出版物，旨在通过一系列高质量、有特色的出版物，提升行业整体研究能力，扩大行业影响力和辐射力。

当前，我国正处在全面加快经济社会绿色转型发展的关键时期，迫切需要进一步加大绿色发展的宣传工作，提高全社会共识度。期待本书能够激发更多创新思考，汇聚各方智慧，共同探索人与自然和谐共生的可持续发展之路。

肖凤桐

中国工程咨询协会会长

2025年6月30日

目 录

第一章

绿色经济概述

001　绿色经济是什么？

绿色经济是一种在促进经济增长的同时，注重保护自然、保护资源、可持续发展的经济模式。它通过更新生产和消费方式，为减少对自然资源的依赖、控制污染物排放、保护生态环境、实现社会公平和经济繁荣提供支持。与其他经济增长模式不同，绿色经济更注重经济发展与生态环境之间的和谐平衡。

绿色经济的核心是可持续发展。即在满足当代人需求的同时，不损害后代人满足自身需求的能力。因此，绿色经济要求资源的循环利用和优化利用，推动绿色技术创新，促进环境保护和生态系统修复。其目标不仅是优化资源的合理利用和减少污染，而且要通过绿色转型推动经济结构调整，实现绿色、低碳和可持续的经济发展。

能源利用效率是绿色经济愿景的核心。煤炭、石油、天然气等传统化石能源碳排放量巨大，是温室气体累积的主要来源。绿色经济提倡大规模利用可再生能源，特别是太阳能、风能、水能等清洁能源，减少化石能源的使用，抑制对环境的负面影响。同时，绿色经济强调节约和合理使用能源，推动智能电网、绿色建筑、节能技术的发展。

绿色经济还意味着提倡绿色技术和绿色产业创新。绿色生产是其中的重中之重。企业通过技术创新，在生产过程中节约能源、减少废弃物排放，提高产品的使用寿命和可回收性。绿色产品制造不仅减少了对环境的破坏，而且开辟了新的经济增长点，促进了产业结构的转型升级。

绿色金融在绿色经济发展中也发挥着重要作用。绿色金融是指以环境保护和可持续发展为目的的金融活动，包括绿色债券、绿色基金、绿色银行等。利用绿色金融，可以调动资本，投资符合环境保护水平和可持续发展要求的企业和项目，为绿色产业发展提供融资。绿色金融不仅促进了绿色保护技术的研发和绿色项目的开发，而且提高了社会对可持续发展的投资意识。

生态农业和绿色食品也是绿色经济的重要组成部分。传统的农业生产模式依赖大量的化肥和农药，导致土地和水污染。绿色经济提倡生态农业，提倡减少农药和化肥的使用，保护水土，确保农产品的安全质量。通过推广有机农业和生态农业，确保食品安全，实现农业可持续发展。

此外，绿色经济还强调循环经济。循环经济通过废物回收、产品再制造和农业残余物利用来实现资源再生和再利用，是一种避免资源浪费的有效手段。通过循环经济，使生产和消费过程中产生的废弃物变废为宝，减少资源消耗，降低环境污染，促进经济可持续发展。

总之，绿色经济是一种保护环境、节约资源、发展经济的新模式。它不仅扭转了过去经济发展模式对环境的危害，而且为社会提供了新的经济增长点，推动了产业的绿色革命和社会的可持续发展。在当前全球气候变化和生态危机日益加剧的形势下，绿色经济理论与实践对未来全球经济的增长具有重要的指导意义。

002　绿色经济与传统经济的主要区别是什么？

绿色经济与传统经济的区别主要体现在对发展的认识、资源开发模式、环境影响、社会责任优先性等方面。传统经济会追求短期经济增长和利润最大化，而牺牲资源的可持续利用和环境保护。绿色经济立足于可持续发展，注重生态环境保护和资源优化配置，实现经济增长。

传统经济一般依赖对自然资源的大量消耗，特别是煤炭、石油、天然气等化石能源，导致污染和资源过度开发，长远来看，资源枯竭和环境恶化令人担忧。绿色经济鼓励开发太阳能、风能、水能等可再生能源，限制化石能源的消耗，提倡资源循环利用和节约利用，节约能源，减少废弃物排放，努力减少对环境的负面影响。

传统经济下，企业以降低生产成本、实现产值最大化为主要目标，容易采取低成本的环保手段，忽视生产过程中对环境的长期负面影响。绿色经济要求企业在追求经济效益的同时，追求较高的环保标准，发展清洁生产和绿色技术，实现环保与经济效益的双赢。绿色经济促进绿色创新，带动产业结构调整升级，通过技术创新提高生产效率，减少能源浪费和污染排放。

此外，传统经济往往忽视社会责任。在这种模式下，企业和国家较少关注社会公平、劳工权益、消费者健康等社会问题，而更注重经济发展和利润。绿色经济注重社会责任，关心生态环境的保护和社会公平的实现，提倡政府、企业、个人等社会各阶层的集体参与，确保在实现经济繁荣的过程中，自然环境得到保护，促进社会和谐。

资源开发方式也是绿色经济与传统经济的一个根本区别。传统经济模式中，资源的利用是线性的，即开采、使用、最终处置，这往往导致资源浪费和环境污染。绿色经济倡导循环经济理念，强调资源的循环利用，通过回收利用将废弃物加工成新资源，通过提高资源利用效率减少环境压力。

绿色经济注重长期生态效益和可持续发展，促进经济、环境和社会的协调发展。传统经济倾向于重视经济增长，而忽视环境和社会的长远利益。绿色经济的目标不仅要实现经济增长，而且要使这种增长绿色、低碳、环境友好、社会可接受。

总之，绿色经济在理念、资源利用、生态保护、社会责任等方面与传统经济有显著不同。绿色经济更加注重可持续性和长远利益，促进社会、经济和环境的协调发展。传统经济更加注重短期经济发展，容易忽视环境和社会的承载能力。

003　为什么需要发展绿色经济？

绿色经济的必要性源于当今世界面临的环境和资源问题。随着人口增长和工业化发展，传统的经济模式建立在高水平的资源消耗和高强度的污染排放之上，这种发展模式已不可持续。全球气候变化、环境资源枯竭和退化等问题越来越严重和棘手，人们需要重新考虑经济增长的质量和方式。

传统经济模式的两个主要结果是资源匮乏和生态污染。全球变暖、空气污染和水污染日益严重，严重影响着人类的生活水平和生态系统的平衡。同时，过度开发也导致自然资源的过度消耗，从而增加了一些关键矿产和能源供应的压力。面对这些问题，绿色经济提出了一种更可持续的替代方案，它不仅促进了经济发展，而且有效地保护了环境并节约了资源。

绿色经济的核心理念是借助科技进步与创新，促进资源的有效利用和清洁能源的发展。与传统经济体系不同，绿色经济注重低碳、节能、循环，力求减少对自然界的破坏。利用绿色能源替代石油、煤炭等传统化石燃料，可大幅减少温室气体排放，缓解国际气候变暖的趋势。通过绿色技术的推广，减轻工业生产中的污染和浪费，不仅可以对保护生态环境起到极为有效的作用，而且可以提高资源利用效率。

社会责任和可持续发展也是绿色经济的重要组成部分。

在经济持续快速增长的同时，社会不仅要考虑创造短期财富，更要考虑长期的资源和环境保护。绿色经济推动的可持续发展，旨在为子孙后代提供足够的资源和优质的生活环境。企业在追求经济回报的同时，也需要履行社会义务，审视其经营和生产对社会和环境的长期影响。

此外，绿色经济的发展还能为社会带来新的经济增长点。随着环保技术的不断进步和绿色产业的持续壮大，绿色经济正在为就业市场注入强劲动力。从绿色能源的开发与技术研发，到环保设备的应用推广，再到生态建筑和有机农业等多个领域，绿色产业为各类人才提供了多样化的就业机会。这不仅有助于优化就业结构，而且提升了劳动者的技能水平和市场适应能力。同时，绿色经济的推进有助于提升整体经济发展的质量和效益。相比于传统高耗能、高污染的发展模式，绿色经济更加注重创新驱动和资源高效利用，因而能够在实现经济增长的同时减少环境压力。特别是在全球化加速、环境问题日益突出的当下，绿色技术和环保产业将成为吸引外资、提升国家国际竞争力的重要力量。它们不仅有望成为新的经济增长引擎，还有可能引领未来全球产业格局的深刻变革。

总之，建设绿色经济不仅是应对环境挑战和资源匮乏的及时方法，也是确保长期可持续发展和提高全社会福祉的秘诀。它为全球经济增长提供了一条新途径，也为规避现有环境困境提供了一条合理路径。

004 绿色经济发展现状如何？

全球绿色经济呈现多元发展的格局，虽然在大多数地区和国家取得了一定成就，但也面临诸多挑战和障碍。发达国家和地区通过政策引导、技术创新，在绿色经济领域取得了显著进步，发展中国家在转型阶段则面临更大压力。

从全球范围看，大多数国家都在探索绿色经济作为未来发展方向。欧盟一直在努力推动绿色经济发展，其“绿色新政”致力于通过优化能源效率、促进可再生能源发展、走低碳经济模式等实现应对气候变化的目标。德国就是其中之一，通过政策引导和技术创新，建立了全球领先的可再生能源产业，尤其是在太阳能和风能领域。此外，法国和英国也积极推动绿色经济，利用碳交易市场、绿色金融和环保法推动向低碳经济转型。

美国在绿色经济方面也有一定的经验，但政策部署相对欧洲来说比较分散，加利福尼亚州等州虽然积极发展绿色能源和清洁技术，但全国向绿色经济的转型比较缓慢，特别是联邦政府未能给予政策支持，一些美国巨头企业，特别是高科技企业，也逐步向绿色制造和可再生能源转型，但总体上处于产业结构调整瓶颈状态。

在中国，绿色经济已经纳入国家发展政策，国家层面已经提出“绿色发展”的概念，“十四五”规划明确提出要加快绿色低碳转型，中国在可再生能源技术投入和研发方面也取得了巨大进步，中国太阳能和风能装机容量也处于全球领先地位。同时，绿色金融在绿色增长中的推动作用越来越显著，中国的绿色债券市场和绿色基金也取得了一定进展。但绿色经济升级也面临地方政府经济增长压力加大、企业绿色转型成本上升等问题，总体绿色经济水平还有待提高。

尽管各国在绿色经济方面取得了一定成就，但全球绿色转型进程仍面临严峻威胁，资源滥用和环境污染问题依然存在，特别是一些发展中国家，由于资金短缺、技术落后，绿色转型进展缓慢。大多数国家尚未建立完善的绿色政策体系和激励机制，导致绿色技术和绿色产业未能得到全面发展。另外，推进绿色经济需要多方协调，但国际经济一体化带来的竞争压力和各国发展阶段不同也使绿色经济推进面临诸多障碍。

总体来看，全球绿色经济都在缓慢发展，取得了一些初步成效，但要实现全面的绿色革命，还需要政策激励、技术创新和国际合作。

005 中国绿色经济的核心理念是什么？

中国绿色经济的核心理念是推动经济增长与环境保护的融合，促进资源可持续利用，建立人与自然和谐相处的现代经济体系。绿色经济不仅强调保护环境，还要求经济发展方式发生根本性转变，即提高资源利用效率、减少污染排放、绿色技术创新和产业升级。

可持续发展是中国绿色经济的基本目标之一。在经济快速发展过程中，传统的发展模式产生了资源浪费、环境污染、生态恶化等一系列问题。中国绿色经济强调以创新驱动、绿色技术和推广清洁能源为方向，引领经济增长方式转变。在实现资源有效利用的道路上，需要通过优化产业结构、加大技术投入，减少对传统化石能源的依赖，支持可再生能源和低碳产业的发展。

绿色发展理念还包括鼓励生态文明建设。中国提出，生态文明是中华民族可持续发展的千年大计，绿色经济是实现生态文明的重要途径，通过加强生态保护和修复、打造绿色低碳的生产生活方式、追求生态环境质量改善，促进经济、社会、环境协调发展。这一理念表明，绿色环保不再是发展的副业，而是一项使命，必须融入经济发展的全过程、所有环节。

绿色经济也强调了绿色金融的必要性，通过绿色金融建设，可以促进资金流向绿色项目和企业，促进绿色产业的投资和发展。近年来，中国政府积极推动绿色债券、绿色基金等金融工具创新，推动金融机构加大对绿色经济的融资支持。绿色金融不仅为绿色产业提供了资金保障，也为企业提供了可持续发展的动力，让更多的企业参与到绿色转型中来。

绿色产业发展也是中国绿色经济的核心要素，绿色产业被视为中国未来经济增长的新引擎，政府大力推动清洁能源、环保技术、绿色建筑、绿色交通等产业发展，并通过政策扶持鼓励企业进行绿色创新。发展绿色产业，不仅可以提升经济增长的质量，还可以带来大量的就业机会，造福全社会。

中国在推动绿色经济的同时，也非常重视国际合作和经验分享。面对全球气候变化和资源短缺等共同问题，中国积极参与国际气候治理，采取措施实现“碳达峰”和“碳中和”目标，支持世界绿色经济发展。在各国的合作下，中国可以借鉴国际先进经验和技术，加快发展绿色经济，加强全球绿色发展的联动。

概括地说，中国绿色经济的总体思路是通过经济、社会、环境的综合协调，促进资源的合理利用和可持续发展，推进低碳、绿色的产业结构调整和技术创新，最终实现经济增长与环境保护的双赢。这一构想为中国经济增长的发展提供了新的思路，也为全球经济绿色转型提供了宝贵的借鉴和有益的经验。

006 绿色经济如何推动中国经济结构调整?

绿色经济助力中国经济转型的主要途径是通过产业升级、技术进步和资源优化利用，逐步实现经济增长方式的升级，提高经济增长效率和质量。中国长期依赖重工业和传统能源，目前正面临环境污染和资源匮乏的严峻挑战，绿色经济是转型的有效途径。

加快发展绿色经济的第一步是推进传统产业绿色革命，优化产业结构。传统的高耗能、高污染产业需要逐步淘汰或绿色转型。引导和推动这些产业采用节能减排技术和清洁生产方式，不仅可以减少环境污染，而且可以提高资源利用效率。例如，钢铁、煤炭、电力等行业正在通过推行清洁生产和提高能源效率实现绿色转型。绿色经济还推动打造绿色制造，鼓励利用智能化、数字化技术，实现高效、绿色的工业化。

绿色经济促进了新型绿色产业的发展，成为经济结构优化升级的主导力量。清洁能源、绿色交通、绿色建筑、环保技术等产业的快速发展，不仅促进了中国经济的产业结构升级，也创造了大量的投资和就业机会。随着国家加大对可再生能源的扶持力度，水电、风电、太阳能等绿色产业发展迅速，逐步取代煤炭、石油等传统能源，加速了能源结构形式的升级。绿色产业的增长实际上促进了资源型经济向技术创新型经济的升级。

同时，绿色经济促进了资源利用效率的提高和资源优化配置。能源消耗过快、污染过重、资源型产业效率低下是中国经济结构中的突出问题。绿色经济通过促进资源循环、节约和高效利用，推动资源密集型产业向资源消耗低、环境负荷低的产业转变。循环经济的兴起，使得资源不再以开采和消费为主，而是通过回收再利用，减少对自然资源的依赖，有效减少了生产过程中的废弃物和污染物排放。

绿色经济还推动了绿色金融体系的演进，为结构调整提供了资金支持。绿色金融为绿色产业提供了更加有力的资金支持，促进了对环保项目、绿色企业和绿色技术的投资。通过绿色债券、绿色基金等金融产品渠道，促进了绿色产业融资，支持企业实现绿色转型。这样的资金来源不仅有助于传统产业更新环保设施，而且有助于新兴绿色产业快速成长，进一步优化经济结构。

此外，绿色经济的建设也推动了消费结构的变化。随着人们环保意识的增强，绿色消费逐渐普及。从绿色产品的要求到低碳出行的倡导者，消费者越来越希望在日常生活中选择生态产品和服务。绿色消费不仅带动绿色产业发展，也使人们的消费习惯向更加绿色、更加健康的方向转变。

总之，绿色经济通过促进产业结构升级、技术创新、资源高效配置和绿色金融服务，推动了中国经济结构深刻转型。通过绿色转型，中国不仅可以有效应对环境和资源问题，而且可以实现更加可持续和高质量的发展。

007　绿色经济在中国经济转型中的作用是什么？

绿色经济在中国经济转型中的作用至关重要，它为中国在实现高质量发展的过程中提供了新的思路和路径。随着环境问题和资源短缺日益严峻，传统的发展方式已无法支撑可持续的长远发展。绿色经济为解决这些问题提供了有效的手段，推动了中国经济从粗放型增长向创新驱动和可持续发展转型。

绿色经济的首要作用是在推动产业结构优化的同时促进经济质量的提升。中国长期以来依赖资源密集型产业，导致环境污染严重和资源浪费问题突出。绿色经济强调通过推动传统产业的绿色升级和新兴绿色产业的发展，减少能源消耗和污染排放。通过技术创新和清洁生产，传统行业不仅能够提高资源利用效率，还能降低环境负担。同时，绿色经济鼓励新兴产业，如清洁能源、环保技术和绿色制造业等，成为经济增长的新动能。这种产业结构的优化有助于推动中国经济从低效、资源密集型的模式向更加高效、绿色的模式转变。

绿色经济在推动创新驱动发展方面也发挥着重要作用。绿色技术的研发和应用不仅能够解决环境问题，还能带动整体产业的技术进步。中国政府大力支持绿色技术的创新，推动能源、交通、建筑等领域的低碳技术应用。例如，太阳能、风能等可再生能源的广泛应用，使得中国成为全球最大的绿色能源生产和消费国。绿色经济推动了绿色金融、绿色建筑等相关领域的技术创新，提升了企业的核心竞争力，帮助中国实现从依赖传统劳动密集型产业到技术密集型产业的转型。

绿色经济对资源配置的优化也有着深远影响。传统的资源密集型经济模式带来了大量的资源浪费和环境污染。绿色经济强调资源的高效利用和循环经济模式，推动了从资源开采、加工到消费的各个环节的优化。例如，绿色建筑不仅能够减少建筑能耗，还能促进材料的回收再利用，降低建筑生命周期中的环境影响。通过推动循环经济，资源得到了更高效的配置，减少了对天然资源的依赖，有助于缓解资源压力。

绿色经济还在推动中国实现可持续发展方面发挥着不可替代的作用。中国面临的环境挑战日益严重，尤其是空气污染、水污染和土壤退化等问题，直接影响人民群众的生活质量和健康。绿色经济通过推动低碳和绿色技术应用，减少了污染物的排放，改善了生态环境质量，为可持续发展奠定了基础。与此同时，绿色经济为社会创造了更多的就业机会，推动了绿色产业链的发展，使经济增长不仅更加绿色，也更加包容。

绿色经济还增强了中国在全球经济中的竞争力。随着全球环保意识的提高，绿色发展已经成为国际社会的共同目标。中国通过发展绿色经济，不仅提升了国内经济的可持续性，还增强了在全球绿色产业竞争中的话语权。中国在绿色金融、可再生能源、绿色技术等领域的创新，使其在全球绿色经济转型中占据了重要地位。

综上所述，绿色经济在中国经济转型中起到了关键作用，它通过产业结构优化、技术创新、资源配置优化等手段，推动中国实现更加绿色、可持续的发展目标，助力中国经济向高质量发展转型。

008 绿色经济如何帮助中国应对环境污染问题？

绿色经济在帮助中国应对环境污染问题方面发挥着至关重要的作用。中国曾在一段时期内，在经济快速增长过程中，依赖大量资源消耗和高污染产业，导致了严重的环境污染问题。绿色经济的核心在于推动低碳、节能、环保和资源高效利用的可持续发展模式，为解决这些问题提供了系统的应对方案。

绿色经济通过推动能源结构优化来减少污染物排放。传统能源，尤其是煤炭的使用，是中国空气污染的主要来源之一。绿色经济强调清洁能源的开发和应用，鼓励替代能源如太阳能、风能、水能和天然气等的广泛使用。这些清洁能源不仅能有效减少二氧化碳和其他有害气体的排放，还能减少对煤炭等高污染能源的依赖，降低能源生产和消费对环境的负面影响。中国近年来在可再生能源领域的投资不断增加，太阳能和风能的发电能力大幅提升，逐渐形成了绿色低碳的能源消费结构。

绿色经济还推动了工业生产中的绿色技术应用，从源头减少污染排放。传统工业生产过程中，能源消耗和废气废水排放是主要的污染源。绿色经济倡导清洁生产和绿色制造，通过提升生产技术和工艺，减少污染物排放。例如，通过引入节能设备和先进的环保技术，工业企业能够显著提高资源使用效率，并减少废气、废水和固体废弃物的产生。绿色经济推动绿色制造业的发展，促使企业在生产过程中采用环保材料和节能技术，有效减轻工业生产对空气和水体的污染负担。

通过推动循环经济，绿色经济进一步减少了资源浪费和环境污染。循环经济强调资源的再利用和循环利用，减少生产和消费过程中的资源消耗。在这一模式下，废弃物不再被简单丢弃，而是被回收利用，转化为新的资源，降低了污染物的排放。例如，废旧电池、废旧家电和塑料等都可以通过回收和再加工进入生产环节，从而减少了垃圾填埋和环境污染。绿色经济通过鼓励废物的回收利用和产品的生命周期管理，减少了资源的浪费和环境的负担。

绿色经济还通过推动绿色交通和绿色建筑来缓解环境污染。交通领域是中国大气污染的主要来源之一，绿色交通的发展有助于减少汽车尾气排放，改善空气质量。电动汽车和公共交通系统的推广是绿色经济中的重要内容，能够有效降低碳排放和空气污染。与此同时，绿色建筑也强调通过节能和减少资源消耗来降低对环境的影响。通过优化建筑设计、提高能效和使用环保材料，绿色建筑能够大幅减少建筑行业对资源和能源的需求，降低碳足迹。

政府在推动绿色经济过程中发挥着关键作用。通过出台政策法规和提供财政支持，政府鼓励企业采用环保技术和绿色生产方式。例如，绿色税收政策、环保标准和排放交易体系等，都为企业绿色转型提供了有力的政策保障。政府的支持不仅为环境污染治理提供了政策引导，还促进了绿色产业的发展，推动了经济结构的绿色转型。

总体来说，绿色经济通过推动能源结构优化、绿色技术应用、循环经济模式、绿色交通和建筑等手段，有效帮助中国应对日益严重的环境污染问题。通过绿色经济的实施，中国能够实现经济发展与环境保护的双赢，推动社会的可持续发展。

009　中国在绿色经济方面取得了哪些初步成效?

中国在绿色经济领域取得了一系列显著的初步成效，这些成效不仅体现了政策推动的力量，也显示出绿色经济逐步成为推动中国经济高质量发展的重要动力。

清洁能源的快速发展是中国绿色经济的一大亮点。中国近年来大力投资可再生能源，特别是太阳能和风能的装机容量稳步增长。2023年，中国已成为全球最大的太阳能和风能市场，清洁能源的比重不断提升，逐渐取代传统的煤炭能源。与此同时，水电和核电的应用也在稳步推进。中国的新能源产业已经形成了完善的产业链，从研发到生产再到应用，都取得了显著进展，推动了能源消费结构的绿色转型。

绿色交通也取得了积极进展。中国电动汽车产业的快速发展是绿色经济的重要成效之一。政府通过政策激励和补贴，促进了电动汽车的普及，电动汽车市场规模迅速扩大。2023年，中国已成为全球最大的电动汽车市场，充电设施的建设也在不断完善。与此同时，共享出行和绿色公共交通系统的发展，使得城市交通的碳排放大幅降低，交通领域的环境污染得到了有效缓解。

绿色金融的发展为绿色经济提供了有力的资金支持。中国的绿色金融体系逐渐成熟，绿色债券、绿色基金等金融工具得到广泛应用。2023年，中国的绿色债券市场已成为全球最大的市场之一。绿色金融不仅为环保项目和绿色产业提供了充足的资金支持，也促进了企业的绿色转型和技术创新。通过绿色金融，中国能够为绿色技术研发和产业发展提供源源不断的资金流动，加速了绿色经济的落实。

在工业领域，绿色技术的应用和绿色生产方式得到了普及。许多企业通过引入节能减排技术和清洁生产工艺，显著提高了资源利用效率，减少了污染物的排放。例如，钢铁、水泥等传统行业通过技术革新，减少了环境的负担，部分行业实现了超低排放。绿色产业的快速发展，也推动了绿色制造和低碳生产模式的广泛应用，促进了传统产业的绿色转型。

在政策和法规方面，中国政府出台了一系列推动绿色经济发展的政策。例如，《节能减排规划》、碳交易体系的建立，以及绿色税收政策的实施，为绿色经济的发展提供了政策保障。2020年，中国提出了“碳达峰”和“碳中和”目标，明确了未来绿色经济的发展方向。政府通过政策引导和法规支持，推动了社会各界对绿色经济的关注和投资，进一步加快了绿色转型的步伐。

此外，绿色消费也得到了积极推动。随着环保意识的提高，越来越多的消费者选择绿色产品和低碳生活方式。绿色建筑、环保家电、绿色食品等消费品的市场需求不断增长，推动了相关产业的发展。通过推广绿色消费，中国能够有效提升资源的使用效率，减少浪费，并在全社会形成支持绿色经济的良好氛围。

总的来说，中国在绿色经济方面取得了初步的显著成效，涵盖了能源、交通、金融、工业等多个领域。这些成效不仅有助于推动经济结构的转型，也为实现可持续发展目标打下了坚实基础。随着政策和技术的不断创新，绿色经济将在未来发挥更加重要的作用。

第二章

绿色经济发展情况

010　绿色能源在中国的发展现状如何？

绿色能源在中国的发展已经取得了显著进展。近年来，随着国家政策的支持与市场需求的增长，中国的绿色能源产业逐步壮大，尤其是在风能、太阳能和生物质能等领域。中国已成为全球最大的绿色能源生产国和消费国。

中国政府大力推动绿色能源的发展，设立了一系列优惠政策和目标。例如，《中共中央 国务院关于加快经济社会发展全面绿色转型的意见》明确提出，到2030年，非化石能源占一次能源消费比重提高到25%左右。此外，中国"十四五"规划将绿色低碳发展作为重点任务之一，促进清洁能源的高效利用和技术创新。

在风能和太阳能方面，中国已经建立了全球最大的风电和光伏发电装机容量。风电方面，中国的风电装机容量已接近世界领先水平，尤其是在沿海地区和西部地区，风电资源丰富，开发潜力巨大。太阳能发电也得到了迅速发展，尤其是在西北和东南部地区，得益于这些地区日照条件的优势。中国不仅在国内建设了大量的风电和光伏电站，还在全球范围内通过共建“一带一路”，推动绿色能源合作，帮助其他国家发展清洁能源。

生物质能和水能作为绿色能源的重要组成部分，也在中国得到积极发展。尤其是在农村地区，生物质能的利用逐渐普及，通过垃圾焚烧和农业废弃物转化等方式，既减少了环境污染，又为当地提供了能源支持。水能方面，中国依靠丰富的水力资源，长期以来在水电领域处于全球领先地位，尤其是三峡大坝等大型水电站的建设，为绿色能源提供了强有力的支撑。

然而，尽管中国绿色能源发展迅速，仍面临一些挑战。能源结构转型的过程中，如何更好地解决电力储能技术、能源存储设备的普及和智能电网的建设问题，仍需要持续的技术突破与资金投入。绿色能源的稳定性和可靠性，尤其是风能和太阳能的波动性，需要通过技术手段和市场机制加以解决。此外，部分地区的电力基础设施建设滞后，也制约了绿色能源的高效输送和利用。

总的来说，中国在绿色能源领域的进展为全球气候变化应对做出了积极贡献，并且在未来将继续加大绿色能源的投资和技术研发。随着政策和技术的不断完善，绿色能源的潜力将得到进一步释放，推动中国经济向更加可持续的方向发展。

011　中国如何推进可再生能源的发展？

中国在推进可再生能源发展方面采取了一系列综合性的措施，涵盖政策引导、技术创新、市场机制等多个领域。政府通过明确的政策目标和财政支持，积极推动清洁能源的广泛应用，并力求通过技术突破解决可再生能源发展中的瓶颈问题。

政策层面，中国设定了到2030年非化石能源占一次能源消费比重达到25%左右的目标。此外，国家不断优化可再生能源发展的法规体系，实施补贴政策，推动市场化改革。可再生能源发电补贴、绿色信贷和税收优惠等措施，为行业发展提供了有力的经济支持。国家能源局等相关部门也制定了可再生能源发展规划，明确了风能、太阳能等各类能源的建设目标和时间节点，确保产业按计划稳步推进。

在技术创新方面，中国加大了对可再生能源技术的研发和应用力度，重点突破能源存储、智能电网等关键技术。太阳能和风能的发电效率持续提高，风电和光伏电池的成本大幅降低，使得可再生能源在市场中的竞争力不断增强。

随着电池技术的不断进步，电力储能系统逐渐成为解决可再生能源波动性和间歇性问题的重要手段，推动了绿色电力的大规模并网应用。

市场机制的完善也是中国推进可再生能源发展的一个重要环节。为解决可再生能源电力消纳问题，国家逐步引入市场化机制，完善电力交易市场，推动可再生能源与传统能源的竞争性市场融合。近年来，绿证交易和碳排放交易体系的引入，为可再生能源创造了更多的市场激励，促进了清洁能源的发展。

此外，地方政府和企业的积极参与也是推动可再生能源发展不可或缺的因素。各地根据本地的资源优势，因地制宜地开发风能、太阳能等清洁能源，建设了一大批风电和光伏发电项目。企业在推动技术创新、降低生产成本和扩大市场份额方面发挥了积极作用，同时也通过合作与共享，为国际绿色能源市场的布局提供了支持。

然而，中国在推进可再生能源发展过程中，仍面临着一些挑战。包括如何解决能源存储和调度问题，如何进一步提高绿色电力的稳定性和可靠性，以及如何完善电网基础设施以应对可再生能源的波动性等。为此，中国将在未来进一步加大科技投入，提升可再生能源的整体效能，并探索更有效的市场化手段，推动绿色能源的可持续发展。

综合来看，中国通过多层次的政策支持、技术创新和市场机制的优化，积极推动可再生能源的大发展，既为国内绿色转型提供动力，也为全球应对气候变化贡献了力量。

012　绿色建筑在中国的普及情况如何？

绿色建筑在中国的普及逐渐加速，尤其在大城市和经济发达地区，已经成为建筑行业发展的重要趋势。随着环保意识的提升和可持续发展理念的深入人心，绿色建筑不仅在新建项目中获得广泛应用，甚至在旧建筑改造中也开始逐步推广。政府政策和市场需求共同推动了绿色建筑的快速发展。

政府在推动绿色建筑方面起到了关键作用。中国出台了一系列政策法规，以促进建筑行业的绿色转型。《绿色建筑评价标准》作为绿色建筑发展的核心指导文件，明确了绿色建筑的评价体系，涵盖了节能、节水、节地、环保等多方面要求。地方政府根据这些标准，制定了针对性的奖励和激励措施。例如，许多地方提供税收减免、金融支持等，鼓励绿色建筑项目的开发与建设。同时，绿色建筑认证制度也逐步完善，通过“绿色建筑标识”认证，为市场提供了明确的质量标准。

绿色建筑的技术创新和建筑材料的升级也助力其普及。在建筑设计和施工过程中，越来越多的项目采用高效的节能技术，如外墙保温、低辐射玻璃、智能化控制系统等，以提高能源使用效率。建筑材料方面，环保型建材的广泛使用，如低碳水泥、环保涂料、再生材料等，不仅减少了资源消耗，也降低了对环境的负面影响。这些技术和材料的应用，使得绿色建筑在节能、环保、舒适度等方面表现突出。

市场需求对绿色建筑的推动也日益明显。随着人们对生活质量要求的提升，绿色建筑逐渐成为企业和居民的首选。特别是在商业地产和高端住宅市场，绿色建筑因其舒适的居住环境和较低的运营成本，越来越受到青睐。许多企业通过选择绿色建筑，不仅展示了社会责任感，还能在能源消耗和运营成本上获得长期的经济效益。

尽管绿色建筑在中国取得了一定的进展，但仍面临一些挑战。其高昂的初期建设成本、技术不成熟和部分市场认知度较低，限制了绿色建筑在中小城市和农村地区的普及。此外，绿色建筑的维护和运营管理也需要专业人才和技术支持，缺乏相关经验的从业人员成为制约行业发展的因素之一。

综合来看，绿色建筑在中国的普及情况已经进入快速发展阶段。随着政策的引导、技术的进步和市场需求的增长，绿色建筑的覆盖范围将逐步扩大。未来，随着更多创新技术的引入和绿色建筑理念的深入人心，绿色建筑有望在中国各地得到更广泛的应用，助力实现环境保护与经济发展的双赢。

013　中国在绿色交通领域的挑战与机遇是什么？

中国在绿色交通领域面临着诸多挑战与机遇。在全球推动绿色低碳发展的背景下，绿色交通成为中国应对环境污染、能源危机和碳排放的重要手段。然而，尽管在政策支持和技术创新上取得了一定进展，行业仍面临着资源、技术和基础设施等方面的难题。

挑战之一是交通基础设施的滞后。尽管电动汽车（EV）

和智能交通系统在大城市中得到了较为广泛的应用，但在二、三线城市以及农村地区，相关的充电设施和智能交通网络仍不完善，限制了绿色交通工具的普及。特别是电动汽车的普及受制于充电桩建设速度缓慢以及部分地区电力供应的不稳定，消费者的购买和使用意愿受到影响。

另外，绿色交通的技术突破和成本控制也是一大挑战。虽然电动汽车、氢燃料车等绿色交通工具在技术层面已有一定进展，但相较于传统燃油车，它们的成本依然较高，尤其是在电池技术和续航能力上，仍然存在较大的提升空间。此外，氢燃料电池的生产、储存和运输技术仍不成熟，氢能源的应用前景虽然广阔，但实现大规模商业化仍需解决多个技术和成本难题。

从行业发展角度来看，传统燃油车市场仍占据主导地位，绿色交通转型面临着较大的市场压力。消费者的接受度和政策的执行力度直接影响着绿色交通的推广速度。尽管中国政府推出了一系列优惠政策，诸如电动汽车购置补贴、免征车辆购置税等，但对于一些消费者而言，绿色交通工具仍然面临着价格、续航和充电等多重顾虑。

尽管如此，中国在绿色交通领域也拥有巨大的机遇。政策支持无疑是最大的推动力之一。政府在“十四五”规划及“碳达峰、碳中和”战略中明确提出，绿色交通作为低碳发展的重要组成部分，将得到持续的支持和引导。政府对电动汽车产业的扶持政策不断加码，推动电池回收、充电桩建设等基础设施的建设，增强了绿色交通的普及性。

技术创新也是中国绿色交通发展的巨大机遇。随着电池技术、智能网联技术和自动驾驶技术的不断突破，绿色交通工具的续航能力和安全性逐步提升。尤其是在电池成本的持续下降和充电效率的提升下，电动汽车将更具市场竞争力。此外，氢能源的应用逐步得到重视，特别是在重型运输领域，氢燃料电池车具有巨大的潜力。

中国还可以借助“互联网+”技术推动绿色交通的发展。智能交通系统、车联网技术和共享出行模式的结合，将有效提升交通资源利用效率，减少能源浪费和排放。共享单车、电动滑板车等新型绿色出行工具的兴起，也为城市绿色交通提供了更多的选择，满足了人们的出行需求。

总体而言，中国在绿色交通领域面临的挑战与机遇并存。通过技术创新、政策支持和市场引导，绿色交通产业将继续朝着更加高效、低碳、智能的方向发展，助力中国实现碳中和目标。

014 循环经济在中国的发展路径是什么？

中国在推动循环经济发展方面已经取得显著成就，尤其在资源节约和环境保护方面，探索出了一条符合自身国情的发展路径。循环经济不仅有助于减少资源浪费，还能促进经济结构的优化和产业升级，为绿色发展提供新的动力。

中国的循环经济发展路径，首先体现在政策引导和制度建设上。政府高度重视循环经济的推广，早在2008年，我国《循环经济促进法》的实施便为循环经济的发展提供了法律保障。此外，国家对循环经济的支持政策持续加强，明确提出了绿色发展和低碳经济的战略方向。例如，“十四五”规划强调了循环经济在经济社会发展中的关键作用，提出要优化资源配置，提高资源利用效率，推动形成绿色生产和消费模式。这些政策的出台，为企业和地方政府提供了明确的方向和激励机制。

在产业转型方面，中国将资源循环利用作为经济发展的重要支撑，推动了多个产业的绿色化发展。例如，在钢铁、建筑、电子等高能耗、高排放行业，越来越多的企业通过废弃物的回收和再利用，提高了原料的使用效率，减少了污染物的排放。特别是废钢铁、废塑料和废纸等资源的回收利用，使得这些行业的资源消耗显著降低，向更加绿色、低碳的方向转型。

地方政府在推动循环经济发展方面也做出了积极探索。许多地方通过实施区域性循环经济示范工程，推进资源的闭环利用。例如，广东、江苏等地通过发展循环经济园区，实现了企业间资源共享和废弃物的综合利用。这些园区不仅提升了资源利用率，还为企业降低了成本，增强了市场竞争力。

绿色设计与绿色制造是中国循环经济发展的另一个重要路径。绿色设计注重产品生命周期的资源节约和废弃物的减少，通过优化设计和材料选择，提升产品的可回收性和再利用性。绿色制造则通过清洁生产技术的推广，减少资源的消耗和污染物的排放，推动企业实现低碳生产。许多企业已经开始在产品设计初期就考虑回收利用问题，并在生产过程中采用环保技术，极大地降低了生产成本和环境影响。

消费端的绿色转型同样是循环经济发展的关键。随着消费者环保意识的增强，绿色消费逐渐成为趋势。政府通过制定绿色消费标准、推广绿色产品认证、鼓励节能减排等措施，促进了绿色消费市场的形成。同时，企业也开始注重产品的可回收性和可持续性，推动了循环经济的产业链延伸。

然而，中国在推动循环经济发展过程中仍面临一些挑战。包括资源回收体系不完善、企业绿色转型成本较高、技术创新能力不足等问题。要实现资源高效利用和环境效益的最大化，还需要进一步优化政策环境，提升企业的绿色技术创新能力，并完善废弃物的回收和再利用体系。

总体来看，中国的循环经济发展路径在政策引导、产业转型、绿色设计和消费转型等多个方面取得了显著进展。随着技术的创新和市场需求的变化，循环经济将不断深化，并成为中国实现绿色发展的重要驱动力。

015 绿色金融如何促进中国绿色经济发展？

绿色金融在中国绿色经济发展中起到了至关重要的作用。随着环境问题的日益严峻，绿色金融通过引导资本流向环保、清洁能源和绿色产业，推动了资源的高效利用与环境保护。中国在绿色金融领域的不断创新与深化，为绿色经济提供了资金支持、政策保障和市场激励。

中国政府在绿色金融方面的政策支持为其发展奠定了基础。《金融业标准化体系建设绿色金融发展规划（2016—2020年）》提出，绿色金融应成为推动经济转型和绿色发展的重要力量。政府通过设立绿色债券、绿色信贷、绿色基金等多种金融工具，为绿色项目提供资金支持。例如，绿色债券市场的快速发展使得企业能够以较低的成本筹集资金，投资环保、能源效率提升等绿色项目。绿色信贷则通过提供利率优惠和其他金融支持，鼓励企业进行低碳技术改造和环境保护投资。

在资本市场方面，中国绿色金融通过绿色债券、绿色基金等金融工具，为绿色项目融资提供了新的途径。绿色债券已成为市场中重要的融资工具之一。中国债券市场的绿色债券发行规模持续扩大，吸引了大量社会资本投入绿色产业。绿色基金则为一些长期绿色项目提供了资金支持，特别是在新能源、绿色建筑和环保等领域，起到了至关重要的推动作用。此外，绿色金融产品和服务的多样化，为投资者提供了更多选择，促进了绿色产业的资本流动。

绿色金融还在推动企业转型和创新方面发挥了积极作用。金融机构对绿色项目的支持，不仅仅体现在资金投入，还包括对企业绿色发展理念的引导。许多金融机构开始根据企业的环境表现、绿色技术创新和可持续发展战略，制定差异化的金融产品，推动企业进行绿色转型。这种金融与产业的深度融合，不仅提高了资源的使用效率，还促进了低碳技术的研发和应用。

风险管理也是绿色金融促进绿色经济的关键环节。绿色金融通过提供气候变化风险评估、碳排放交易等金融工具，帮助企业和金融机构识别和管理环境风险。这种风险管理体系，有助于提升投资者对绿色项目的信心，减少环境污染和资源浪费，同时有效规避了由于环保政策变化或市场需求波动带来的金融风险。

然而，绿色金融在中国的发展也面临一些挑战。市场对绿色金融产品的认知度仍有待提高，绿色项目的评价标准和认定体系尚不完善，导致一些项目未能真正达到绿色标准。此外，绿色金融人才的匮乏、信息披露的不透明等问题，也影响了绿色金融的健康发展。为解决这些问题，中国正在加速推进绿色金融相关法规和政策的完善，力求通过国际合作与创新，推动绿色金融的可持续发展。

总体来看，绿色金融在促进中国绿色经济发展中具有不可替代的作用。通过资金流动的引导、政策支持的落实以及技术创新的激励，绿色金融为绿色产业提供了强大的发展动力。随着绿色金融体系的不断完善，预计将在更广泛的领域推动中国经济的绿色转型，助力实现可持续发展目标。

016　绿色消费在中国的实践情况如何？

绿色消费在中国的实践正在逐步深入并产生显著效果。随着环境问题的日益严重和可持续发展理念的普及，消费者对绿色产品和环保生活方式的需求逐渐上升。中国政府也通过政策引导和市场机制促进绿色消费的发展，推动了绿色消费模式的形成与扩大。

中国政府在绿色消费方面的政策支持起到了积极作用。通过出台一系列法规和政策，政府为绿色消费创造了良好的市场环境。例如，“十四五”规划明确提出要加快绿色低碳转型，鼓励绿色消费，推动绿色产品和服务的发展。此外，政府还通过绿色认证、环保标签等手段，引导消费者选择低碳环保产品。绿色产品认证制度的推行，使得消费者能够更清晰地识别环保产品，并做出更有意识的选择。

绿色消费的实践主要体现在以下几个方面。首先，绿色食品的消费逐渐增加。随着消费者环保意识的提高，越来越多的人选择购买有机食品、绿色食品和无公害农产品。这些产品不仅符合健康的消费需求，同时也减少了对环境的负面影响。绿色食品的消费增长推动了农业生产方式的转型，鼓励了农业企业采用更加环保的生产方式，如减少化肥和农药的使用，采用自然肥料和生物防治技术。

在家居消费领域，绿色消费也得到了广泛推广。绿色建筑材料、节能家电和环保家具成为市场上的热门选择。许多消费者在装修或购买家居用品时，越来越注重环保性能和节能效果。例如，节能型家电的普及使得家庭能源消耗大幅下降，绿色建筑材料的使用使得住宅环境更加健康和舒适。这些绿色消费不仅满足了消费者对环境友好的需求，也降低了能源消耗，提高了生活质量。

交通领域的绿色消费也在逐步兴起。电动汽车的购买和使用正在逐渐取代传统燃油车，成为绿色出行的重要方式。政府对电动汽车的政策支持，如购车补贴、免征车辆购置税等，有效促进了电动汽车的普及。与此同时，公共交通的绿色转型也在加速。许多城市通过发展电动公交车和共享单车系统，减少了交通污染，提升了公共出行的便利性。

在可持续时尚和循环经济方面，绿色消费的理念同样得到了广泛认同。消费者对环保服饰、二手商品和租赁模式的接受度逐渐提高。例如，许多品牌推出了环保材料制成的服饰，消费者对二手商品的需求也在上升。此外，二手市场和共享经济的兴起，推动了资源的高效利用，减少了产品的过度消费和浪费。

尽管绿色消费在中国取得了一定进展，但仍面临一些挑战。绿色产品价格相对较高、消费者对绿色消费的认知和行为还不完全成熟、绿色产品的选择范围相对较窄等问题，限制了绿色消费的广泛推广。为此，中国需要进一步完善相关政策，加大绿色产品的推广力度，提高绿色消费的普及率。同时，企业也应加强绿色产品的研发和生产，降低绿色产品的成本，提升消费者的接受度。

总体而言，绿色消费在中国的实践逐渐深入，推动了环境友好型产业的发展。随着消费者环保意识的不断提高，绿色消费将成为中国经济和社会发展中的重要组成部分，为实现可持续发展目标贡献力量。

017 如何发展绿色制造业？

发展绿色制造业是中国实现可持续发展的重要路径。随着环保要求的提高和资源短缺问题的日益严峻，绿色制造业逐渐成为推动产业升级、提升竞争力、减少环境污染的关键。要实现这一目标，需从技术创新、政策支持、产业协同等多个方面发力。

技术创新在绿色制造业发展中扮演着核心角色。推动绿色制造的基础是技术的突破和应用。提高能源效率、减少污染物排放、优化生产过程，都是绿色制造技术的重要方向。例如，采用先进的节能技术、循环经济模式，以及利用数字化、智能化技术来提升生产效率，降低能源和原材料的消耗。新材料的研发和应用也为绿色制造提供了广阔空间，诸如高性能的环保材料、可再生资源材料等，能够有效替代传统高污染材料，减少生产过程中的环境负担。

政策引导和法规制定是推动绿色制造业发展的另一个重要因素。政府通过出台绿色制造相关政策，为企业提供资金支持、税收优惠、绿色认证等激励措施，鼓励企业加大绿色技术投资，提升资源利用率和环境友好度。例如，绿色制造清单、绿色产业标准的制定，有助于为行业树立标杆，推动企业转型升级。政策对绿色制造的规范与引导，可以有效激发企业的创新活力，推动全社会形成绿色生产的共识。

产业链协同是实现绿色制造的重要途径。绿色制造不仅仅是单一企业的责任，还需要整个产业链的共同努力。原材料的绿色采购、绿色设计的实施、绿色物流的优化等，都是推动绿色制造的关键环节。通过加强上下游企业的协作，共享绿色技术和绿色生产经验，可以形成合力，提升整个产业链的绿色水平。例如，企业在设计阶段就考虑产品的回收和再利用，使得产品生命周期的环境负担最小化。此外，生产中的废弃物利用、废水废气处理等，也应纳入产业链的整体规划。

绿色供应链管理是发展绿色制造业的另一个重要手段。企业可以通过选择绿色供应商、优化资源配置、加强绿色采购等方式，推动整个供应链的绿色化。在全球化经济背景下，绿色供应链管理不仅有助于提升企业自身的环保水平，还能增强其在国际市场中的竞争力。实施绿色供应链管理，能够帮助企业减少供应环节中的资源浪费和环境污染，实现全产业链的可持续发展。

除了技术创新和政策支持，绿色文化的培育也至关重要。企业应积极构建绿色企业文化，鼓励员工在生产过程中践行环保理念。通过教育培训、激励机制等手段，提升员工的环保意识，使绿色生产理念成为企业文化的一部分。此外，企业还应加强社会责任的履行，通过环保报告、社会公益等方式，展现企业对环境的关注和责任。

绿色制造业的发展还面临一些挑战。例如，初期投资较大、技术人才短缺、绿色技术的普及程度不高等问题，可能影响企业的绿色转型进程。因此，政府、企业和社会各方应共同努力，通过技术支持、资金投入和市场引导，为绿色制造业创造更好的发展环境。

总的来说，绿色制造业的发展是一个系统工程，涉及技术创新、政策支持、产业协同和社会责任等多方面。随着绿色技术的不断进步和绿色消费的需求增长，绿色制造业将在未来成为推动经济可持续发展的重要力量。

018 生态农业推广现状如何?

生态农业在中国的推广现状逐渐向好发展，尤其在提高农业可持续性和环保意识方面取得了积极进展。生态农业倡导的是低投入、高效益、环境友好的农业模式，通过减少化肥、农药的使用，推动土壤健康与生态平衡，促进农产品的绿色生产和循环利用。

政策支持是生态农业推广的一个重要推动力。中国政府在“十四五”规划中明确提出，要加强生态农业的建设，促进绿色农业发展。国家先后出台了多项相关政策，如对生态农业项目的财政补贴、绿色认证的推广以及绿色农产品的市场准入等，这些措施为生态农业的推广提供了有力保障。

在实践层面，生态农业主要表现为有机农业、生态种植和绿色养殖等形式。许多地方通过实施有机农业认证，推行无化肥、无农药的生产方式，提升农产品的附加值和市场竞争力。此外，生态种植强调轮作、间作等方式，保护土壤健康，防止土地退化。而在绿色养殖方面，减少抗生素和激素的使用，注重动物福利，减少养殖业对环境的负面影响。

尽管生态农业取得了一定进展，但在推广过程中仍面临一些挑战。生态农业的初期投资较高，生产技术和管理水平要求较高，这使得一些小规模农户在转型过程中面临较大压力。此外，市场对生态农产品的认知度和需求仍有待提高，消费者对价格的敏感度也影响了生态农产品的推广和普及。

总体来看，生态农业在中国的推广虽然面临一定的困难，但随着政策的引导和市场需求的变化，逐步走向主流。未来，随着技术的提升和绿色消费观念的普及，生态农业有望成为中国农业发展的重要方向。

019 绿色城市建设发展方向是什么？

绿色城市建设是中国推动可持续发展的重要战略，旨在通过优化城市规划、提升生态环境质量、推动低碳技术应用，构建宜居、绿色、智能的城市空间。随着环境污染和资源紧张问题的日益突出，绿色城市建设的发展方向逐步明晰。

一个重要的发展方向是低碳城市。低碳城市建设不仅关注能源使用效率，还着眼于减少温室气体排放。通过发展绿色建筑、推广清洁能源、优化交通系统等措施，降低城市运行中的碳排放。例如，推广绿色建筑标准，使建筑物能效更高，减少能源消耗；提升公共交通系统，减少私人汽车使用，缓解交通拥堵和空气污染。这些措施共同推动城市向低碳、环保方向转型。

生态城市是绿色城市建设的另一个关键方向。生态城市注重生态环境的保护与恢复，强调城市绿化和生物多样性保护。通过增加城市绿地、城市森林和保护湿地等，提升城市的生态功能和居民的生活质量。城市规划越来越重视自然资源的可持续利用，通过建设雨水花园、绿色屋顶等设施，增强城市的水文循环能力，减少城市热岛效应，提升气候适应性。

智慧城市的建设也与绿色城市目标紧密结合。借助大数据、物联网、人工智能等技术，智慧城市能够高效管理资源，提高城市运营效率。智能交通、智能能源管理、智慧水务等系统的应用，使城市在减少资源浪费的同时，提高服务质量。例如，通过智能交通系统优化交通流量，减少拥堵和排放；智能电网技术帮助精准调节电力供应，减少能源浪费。

绿色城市建设还包括社会和文化的可持续发展。推动绿色消费、绿色生活方式，鼓励居民参与环境保护，提升全社会的绿色意识。通过加强环保教育、推广环保技术，使市民更加理解绿色城市的意义，促进绿色生活方式的普及。

总的来说，绿色城市建设的未来方向是低碳、生态、智能与社会可持续发展的综合体。通过政策支持、技术创新和社会参与，绿色城市将成为未来城市发展的重要趋势，提升城市居民的生活质量和幸福感。

第三章

绿色经济的政策与法规

020 如何支持绿色经济的发展？

支持绿色经济的发展需要多方协同，包括政策支持、技术创新、资金投入和市场机制等方面。中国在推动绿色经济方面，依靠政府引导和社会各界的共同努力，逐步构建起了一整套支持体系。

政策引导是推动绿色经济发展的核心。政府应通过制定绿色发展规划，明确绿色经济的发展目标和方向，激励企业和个人进行绿色转型。具体政策措施包括税收优惠、绿色信贷、绿色投资基金等，旨在鼓励企业采用绿色技术和绿色生产模式。环保法规的严格实施，尤其是对于污染企业的监管，也起到了强有力的制约作用，促使企业在追求经济效益的同时，兼顾环境效益。

技术创新是绿色经济发展的关键驱动力。通过技术研发和应用，提升资源利用效率，减少能源消耗和污染物排放。绿色技术涵盖清洁能源、节能减排、绿色制造、绿色建筑等多个领域。政府应加大对绿色技术创新的资金支持，促进绿色产业技术的突破和市场应用。与此同时，支持高等院校和科研机构开展绿色技术的基础研究，推动技术的产业化和规模化应用，助力绿色产业快速发展。

资金投入是绿色经济发展的另一重要支持手段。绿色项目往往需要较高的初期投资，而绿色金融的支持能够有效解决这一问题。绿色债券、绿色基金、绿色银行等金融工具的推出，为绿色项目的融资提供了便利。同时，政府和社会资本应加强对绿色企业的投资，推动绿色产业的资本积累与技术创新。特别是在环保、能源、交通等领域，资金的投入将直接促进相关行业的绿色转型。

市场机制在绿色经济中的作用也不可忽视。通过市场化手段，引导消费和生产向绿色方向发展。例如，推动绿色消费，通过激励政策和环境标签认证，提高消费者对绿色产品的认知和购买意愿。在企业生产方面，企业通过符合绿色标准的生产流程和产品，能够在市场中获得更高的竞争力和品牌价值。市场需求的变化和消费者环保意识的提升，将进一步推动绿色产业的发展。

综上所述，支持绿色经济的发展是一个综合性的过程，需要政策、技术、资金和市场等多方面的协同努力。随着绿色经济体系的逐步完善，未来将实现资源高效利用、环境保护和经济增长的良性循环，为可持续发展提供动力。

021　中国绿色经济的主要政策框架是什么？

中国绿色经济的主要政策框架围绕可持续发展、资源高效利用、环境保护和绿色转型展开。政府通过一系列政策文件、法律法规及战略规划，逐步建立起绿色经济发展的整体体系。关键政策框架主要涵盖绿色发展理念、绿色产业支持、绿色金融、环保法规等方面。

《中华人民共和国国民经济和社会发展第十三个五年规划纲要》和《生态文明建设考核目标体系》明确提出，要推动经济发展方式转变，促进资源节约与环境保护，推动绿色低碳技术的创新和应用。这一理念强调经济增长与环境保护的双赢，倡导节约型社会建设与生态文明的全面发展。

绿色产业政策支持是绿色经济框架的重要组成部分。中国政府通过制定一系列绿色产业支持政策，如《绿色制造2025》、《“十四五”循环经济发展规划》以及《新能源产业发展规划》，推动绿色技术研发、清洁能源生产和绿色制造等领域的快速发展。这些政策通过提供财政补贴、税收优惠、研发资助等方式，鼓励企业加大绿色技术和产品的投资，提升产业的绿色化水平。绿色建筑、环保设备制造、绿色交通等行业得到了重点支持，促进了绿色产业的快速发展。

绿色金融政策也在推动绿色经济发展中起到了重要作用。中国政府通过金融创新，推动绿色金融工具的发展，支持绿色项目的融资。《绿色金融改革创新试验区实施方案》鼓励地方政府探索绿色金融的地方性政策和金融产品。绿色债券、绿色基金等工具的推广，有助于为绿色项目提供资金支持。此外，绿色信贷政策鼓励银行对环保型企业和项目提供低息贷款，推动绿色项目融资渠道的多样化。

环保法律法规为绿色经济提供了监管保障。中国通过严格的环保标准和排放控制措施，推动企业和地方政府在实现经济发展的同时，履行环境责任。《中华人民共和国环境保护法》《中华人民共和国大气污染防治法》《中华人民共和国水污染防治法》等一系列法律法规，为环境治理提供了法律框架，确保企业遵守环保标准，减少污染排放。政府通过严格的监管，强化了绿色生产和绿色消费的推动力。

总体来看，中国绿色经济的政策框架是多维度、系统化的。政府通过加强顶层设计，制定了一系列支持绿色发展的政策，形成了一个涵盖绿色产业、绿色金融、环保法规等方面的政策体系。这些政策的实施不仅推动了绿色技术创新，也引导了市场的绿色转型，为中国实现绿色低碳发展的目标奠定了坚实基础。

022　“十四五”规划中对绿色经济的定位是什么？

在“十四五”规划中，绿色经济被定位为推动高质量发展的重要支撑。规划明确提出，要加快推进生态文明建设，推动经济结构和发展方式的绿色转型，落实绿色低碳发展路径。这一定位体现了绿色经济在实现可持续发展目标中的关键作用，强调环境保护与经济增长的协调统一。

绿色经济在“十四五”规划中被视为推动现代化经济体系建设的重要组成部分。规划提出，要加快绿色产业的转型升级，推动能源、交通、建筑等重点领域的绿色化改革。具体而言，绿色经济的发展不仅关注减少环境污染和碳排放，还强调资源的高效利用和生态环境的修复，推动各行业向更加环保、节能、低碳的方向转型。

在能源领域，规划明确要求加快能源结构调整，大力发展可再生能源，减少对传统化石能源的依赖。到2025年，非化石能源占比进一步提高，力争实现碳排放峰值。在这一过程中，绿色经济起到了促进清洁能源发展、提高能源效率的核心作用。

“十四五”规划还特别提出要推动绿色制造业的发展，促进绿色技术的创新和应用。通过推动绿色产品、绿色供应链和绿色产业园区的建设，提升制造业的环保水平。这一方向不仅帮助减少资源浪费，提升企业的环境责任感，还推动了绿色技术的突破与产业化进程。

在社会层面，规划注重绿色消费的引导，鼓励居民选择环保、低碳的消费方式。绿色金融的推动也成为绿色经济发展的重要工具。规划明确提出，要进一步发展绿色金融体系，推动绿色债券、绿色投资等金融产品的创新与应用，为绿色经济提供充足的资金支持。

总体而言，绿色经济在“十四五”规划中被定位为实现可持续发展、推动高质量发展的重要路径。通过优化能源结构、促进绿色产业和技术的创新、推动绿色金融和绿色消费，绿色经济将为中国的生态文明建设和绿色转型提供强大动力。

023　如何通过税收政策促进绿色经济？

税收政策是推动绿色经济发展的重要工具，通过合理的税收激励，可以鼓励企业和个人采取环保和节能的生产与消费方式。中国在推动绿色经济的过程中，税收政策已逐步成为促进绿色转型和低碳发展的关键手段。

环保税是促进绿色经济的重要措施之一。通过对污染物排放征税，政府鼓励企业采取更加环保的生产方式，减少有害物质的排放。环保税的实施使得高污染企业面临更大的成本压力，迫使其在生产过程中采用更加清洁的技术和设备，从而实现污染减排的目标。同时，环保税的收入可以用于生态环境保护和修复，进一步推动绿色经济的发展。

绿色税收优惠政策是鼓励绿色投资和绿色创新的有效手段。例如，政府可以通过对绿色技术和绿色产品的研发投入给予税收减免，鼓励企业加大在清洁能源、节能减排等领域的技术创新。这类税收优惠不仅能降低企业的运营成本，还能激励企业加大绿色技术的研发力度，提升绿色产业的整体竞争力。

对绿色企业和绿色项目的税收优惠同样至关重要。政府可以对符合绿色标准的企业或项目提供税收减免或返还，推动绿色产业的发展。例如，对使用可再生能源的企业提供电力消费税收优惠，或对节能建筑项目提供土地使用税和房产税的减免，这些措施都能有效促进绿色建筑和清洁能源项目的推广。

绿色消费的税收激励政策也能促进绿色经济发展。政府可以通过对环保产品、绿色消费品等实施增值税减免或其他消费税优惠，推动消费者选择更加环保的产品。此外，碳税和资源税等的合理设计，可以引导消费者向低碳、节能的生活方式转变，从而在整体上促进绿色消费的增加。

税收政策的有效实施，需要与其他政策措施相配合。政府应加强绿色税收政策的宣传和执行力度，确保政策能真正落地，发挥其应有的激励作用。同时，要不断优化和完善税收体系，灵活调整税收政策，使其更好地适应绿色经济发展的需要。

综上所述，通过环保税、税收优惠、绿色消费税收激励等措施，税收政策能够有效推动绿色经济的发展，激励企业和消费者参与到绿色转型和低碳发展中，助力实现生态文明建设目标。

024　绿色公共采购政策在中国如何实施？

绿色公共采购政策在中国的实施逐步得到重视，成为推动绿色经济和可持续发展的重要手段。通过绿色公共采购，政府不仅能够引导市场需求，还能带动绿色产业的发展，促进环境保护和资源节约。

中国政府在推动绿色公共采购方面出台了一系列政策和措施，明确了绿色采购的范围、标准和实施路径。《绿色采购管理办法》和《绿色公共采购实施方案》明确规定，政府采购应优先选择符合环保标准和节能要求的产品和服务。这些政策为绿色公共采购的落实提供了法律和制度保障。

绿色公共采购的实施首先体现在政府采购清单的绿色化。政府采购不仅包括办公设备、车辆等日常物资，还涉及基础设施建设和大型工程项目。政府要求采购产品和服务必须符合绿色标准，如节能、环保、低排放等要求。例如，绿色建筑项目中使用的建筑材料需符合环保标准，采购的电器设备需具有高能效等级，公共交通工具要选择新能源或清洁能源驱动的车辆。这些措施有效引导了绿色产品和技术的市场需求。

绿色公共采购政策还推动了相关标准的制定和完善。为确保绿色采购的可操作性和可持续性，政府加强了对绿色产品和服务的认证与标准化管理。通过制定详细的绿色认证标准，确保市场上的绿色产品和服务符合一定的环境保护和节能要求。同时，政府对供应商的资质和环保技术要求进行严格审查，鼓励符合条件的企业参与绿色采购项目。

为了激励更多企业参与绿色采购，政府还通过财税优惠等方式支持绿色供应链的建设。对于符合绿色标准的企业，政府提供税收减免、信贷支持等优惠政策，降低企业的经营成本，促进绿色产品和技术的研发和应用。

尽管绿色公共采购政策取得了一定成效，但在实施过程中也面临一些挑战。部分地方政府和部门对绿色采购的认识不足，执行力度不够；此外，绿色产品的市场价格相对较高，部分单位和企业在采购决策时往往优先考虑成本而忽视环境效益。为解决这些问题，政府应进一步加强对绿色采购的宣传和培训，提高各级政府的绿色采购意识，并完善政策配套措施，推动绿色公共采购的全面实施。

总体而言，绿色公共采购政策在中国的实施正逐步推进，取得了初步成果。通过政策引导、标准制定和财政支持等措施，政府有效促进了绿色产品和技术的应用，推动了绿色产业的发展，为实现生态文明建设和可持续发展目标提供了有力支持。

025　如何通过绿色弱势政策支持企业转型？

绿色弱势政策旨在通过税收减免、资金扶持等手段，帮助处于转型阶段的企业应对绿色转型过程中面临的经济压力与技术挑战。这类政策不仅促进企业向绿色、低碳、可持续的方向发展，还助力经济结构的绿色转型。中国在这方面已采取一系列政策，支持企业在绿色转型中克服困难。

税收优惠是绿色弱势政策中重要的一环。针对绿色转型中的企业，政府可以通过减税、免税等措施，降低企业的税负。特别是对那些积极投入绿色技术研发、节能减排项目的企业，给予税收优惠，鼓励其继续进行绿色创新。例如，绿色企业可以享受增值税减免、所得税优惠等政策，降低绿色生产的初期投入成本。这一举措有助于缓解企业在转型过程中的资金压力，促进其加速绿色技术的应用与市场化。

政府资金支持是推动企业绿色转型的另一关键政策工具。通过设立绿色产业基金、提供绿色贷款等形式，政府为企业提供资金支持。对于处于绿色转型中的中小企业，政府可以通过专项贷款、财政补贴、技术研发资助等方式，解决企业在环保设施升级、技术改造等方面的资金需求。尤其是在新能源、节能环保等领域，政府通过资金引导，鼓励企业加大绿色投资和创新力度，提升行业整体竞争力。

绿色技术支持也是绿色弱势政策的一个重要方面。政府通过设立绿色技术研发专项资金，鼓励企业进行绿色技术的创新和应用。此外，可以通过公共服务平台和技术转移中心，帮助企业与科研机构合作，推动绿色技术的转化与升级。对于一些技术难度较大的领域，政府还可以通过与高校、科研院所合作，为企业提供技术指导和培训，帮助其提高技术水平，克服技术瓶颈。

政策引导和绿色市场机制的建立也对企业的绿色转型起到推动作用。政府可以通过制定绿色采购政策，鼓励绿色产品和服务的消费，为绿色企业提供市场机会。此外，碳交易市场的建立与完善，有助于为企业提供碳排放配额的买卖平台，推动低碳技术的应用和排放权交易。通过政策引导，企业能够意识到绿色转型的市场潜力，从而更积极地参与到绿色生产和低碳创新中。

总的来说，绿色弱势政策通过财政、税收、技术支持等手段，帮助企业克服转型过程中的困难，推动其向绿色、可持续的方向发展。这些政策不仅降低了企业的转型成本，还激励了绿色技术的创新和应用，推动了绿色产业的快速发展。

026　中国如何推动绿色金融市场发展？

中国推动绿色金融市场发展的关键在于完善政策框架、加强市场基础设施建设和激励绿色投资。近年来，绿色金融逐渐成为推动绿色经济和可持续发展的重要支柱。中国政府通过政策引导、金融创新、法规完善等方式，积极促进绿色金融市场的发展。

政策引导是推动绿色金融市场发展的基础。政府通过发布相关政策文件，如《绿色金融改革创新试验区实施方案》，为绿色金融的实施提供了明确的方向。这些政策不仅明确了绿色金融市场的目标和重点领域，还提出了具体的操作路径。中国人民银行等金融监管机构发布了绿色金融的标准和指南，确保绿色金融产品和服务能够得到有效监管与推广。

金融创新也是推动绿色金融市场发展的核心。绿色债券是中国绿色金融创新的重要成果之一。自2016年中国首个绿色债券标准出台以来，绿色债券市场逐渐发展壮大，成为全球最大的绿色债券市场之一。通过绿色债券的发行，企业和政府能够为环保项目和绿色技术融资，而投资者也能够通过购买绿色债券支持可持续项目。此外，绿色基金、绿色贷款等金融工具的创新，也为绿色项目提供了多元化的资金支持。

加强金融市场基础设施建设是推动绿色金融市场长期发展的关键。中国设立了绿色金融服务平台，促进绿色项目的信息透明和对接。绿色金融信息披露要求也逐步得到加强，企业和金融机构在绿色项目投资中的信息披露更加规范，有助于投资者了解项目的环境影响和风险。此外，绿色金融评级体系的建立，为投资者提供了评估绿色项目和企业可持续性表现的工具，推动了绿色投资的市场化。

政府在推动绿色金融市场发展的过程中，也注重激励金融机构的参与。通过对绿色金融产品的优惠政策、税收支持、贷款利率优惠等措施，政府激励银行、证券、保险等金融机构加大对绿色项目的支持力度。同时，绿色信贷政策的推进，使得环保项目和绿色技术创新企业能够获得更加优惠的融资条件，为绿色经济提供了资金保障。

总体而言，中国通过完善政策、加强金融创新、推动市场基础设施建设等措施，逐步推进绿色金融市场的发展。这些举措不仅为企业提供了更多的绿色投资机会，也为实现经济的可持续发展和生态文明建设奠定了基础。

027　绿色经济的立法和监管框架如何完善？

绿色经济的立法和监管框架是实现可持续发展的关键组成部分，能够促进资源的高效利用、环境保护以及社会公平。要完善绿色经济的立法和监管框架，需要注意以下几个方面。

（一）制定全面的绿色经济法律框架

政策整合与协调：各国需要制定与绿色经济相关的法律政策框架，确保经济、环境、社会三方面的协调发展。例如，结合气候变化法、资源利用法、环境保护法等，推动环境保护与经济发展相结合。

绿色金融法律：制定绿色金融相关法规，鼓励金融市场支持绿色项目。加强绿色债券、绿色投资基金等金融工具的法律框架，为可持续发展的资金提供保障。

（二）加强环境保护法律的执行

严格的环境标准与惩罚机制：制定明确的环保标准，并在法制框架内确保其严格执行。违规企业应承担相应的法律责任，如罚款、停产整改等。

监测与评估机制：建立有效的环境监测体系，对企业的污染排放、资源利用等进行监管，并定期发布评估报告，确保法律执行到位。

（三）促进绿色技术创新

鼓励技术创新与绿色产业发展：通过立法鼓励绿色技

术的研发与创新，如提供税收优惠、研发资金支持等，推动绿色产业快速发展。

（四）建立绿色经济绩效评估体系

绿色GDP与环境影响评估：制定绿色GDP标准，对国家或地区的经济发展与环境影响进行综合评估。

政策透明与公众参与：在政策的制定和实施过程中，要提高透明度，允许公众、非政府组织以及企业参与其中，确保绿色经济政策能够广泛获得社会支持。

通过上述措施，绿色经济的立法和监管框架将更加完善，从而为推动全球经济的绿色转型提供坚实的法律保障。

028　中国的环保法律如何促进绿色经济？

中国的环保法律在推动绿色经济发展方面发挥了重要作用，通过严格的环境保护要求和政策激励，引导企业和社会向绿色、低碳、可持续的方向发展。这些法律不仅为环保提供了法律保障，还为绿色经济的转型和发展创造了有利的政策环境。

《环境保护法》作为基础性法律，对企业的环境责任做出了明确规定。法律要求企业在生产过程中严格控制污染物排放，并在环保设施上进行必要投入。这一法律框架促使企业加大环保投入，推动产业链向环保、低碳方向转型。同时，法律规定了环保审批制度，对于新建项目、扩建项目等涉及环境影响的建设行为，必须进行环境影响评估和审批。这一举措有效限制了高污染项目的审批，确保了经济发展与生态保护的平衡。

《大气污染防治法》和《水污染防治法》进一步明确了污染排放的具体标准和企业的责任。针对大气污染和水污染日益严重的问题，这些法律对污染源的排放限制提出了严格要求。它们促使企业采用更加环保的技术，减少对环境的负面影响。同时，通过设定排污许可制度，确保了各行业企业按规定排放污染物，有效减少了大气和水体的污染。

绿色经济的发展还得益于《循环经济促进法》的实施。该法强调资源的高效利用和废弃物的再利用，推动企业采用循环经济模式，减少资源浪费，提升资源利用效率。通过这一法律的引导，许多企业逐步向绿色制造、绿色消费模式转型，有效促进了绿色产业的发展。

环境税法的制定进一步推动了绿色经济的实现。通过对排污企业征收环保税，政府通过市场机制引导企业降低污染排放，减少对环境的负面影响。税收政策使得企业在环境治理上的成本逐步上升，从而促进了更多企业采纳环保技术，推动了产业绿色升级。

环保法律体系的完善，推动了绿色金融和绿色产业的发展。绿色债券和绿色信贷等金融工具的推出，与环保法律的实施相辅相成，为企业提供了更多绿色融资渠道。这为企业绿色转型提供了资金支持，也推动了环保产业的发展。

综上所述，中国的环保法律通过明确环保责任、设定排放标准、推动循环经济和征收环境税等措施，有效促进了绿色经济的发展。这些法律不仅保护了生态环境，还引导了产业结构的绿色转型，为实现可持续发展奠定了基础。

029 如何加强环境责任与绿色经济的结合？

加强环境责任与绿色经济的结合，需要通过多维度的政策措施、法律框架和市场机制来实现。企业在追求经济利益的同时，必须承担起环保责任，这既是绿色经济发展的内在要求，也是可持续发展的关键。

法律与政策的引导是加强环境责任与绿色经济结合的重要途径。政府应出台更加严格的环保法规，明确企业在环境保护方面的责任。例如，通过制定更加精细化的污染排放标准、强制性资源回收政策和绿色认证体系，政府能够推动企业在生产过程中减少环境污染、提高资源利用效率。环境税、排污许可证等政策手段也能有效促使企业承担更多的环境成本，激励企业在生产过程中采取更加环保的措施。此外，绿色金融政策通过优惠贷款、税收减免等手段，引导资本流向绿色项目，进一步推动绿色经济发展。

企业责任的落实是关键。企业应当意识到，环境责任不仅仅是法律义务，更是提升企业长期竞争力的重要因素。在绿色经济背景下，企业需要将环保责任嵌入到生产、经营和决策过程中。例如，企业可以采用绿色技术和清洁能源，减少能源消耗和污染排放；同时，推动绿色供应链管理，从原材料采购到产品生产、运输、销售的全生命周期中实现环保。此外，企业还可以通过社会责任报告、环境影响评估等手段，增强透明度，向消费者和投资者展示其在环境保护方面的努力。

市场机制的作用也不可忽视。绿色消费在市场上的崛起为企业提供了巨大的绿色发展机会。随着消费者环保意识的提高，市场对于绿色产品的需求不断增加，这推动了企业进行产品和技术创新。政府可以通过对绿色产品的税收优惠、补贴等措施，进一步激励绿色消费，促进绿色经济的普及。在此过程中，企业通过主动承担环境责任，能获得消费者的青睐，从而提升品牌价值和市场份额。

最终，公众和社会的参与同样不可或缺。企业的环保行为需要通过透明的信息披露和公众监督来加强，政府和社会组织应发挥监督和引导作用，促使企业真正落实环保责任。

通过法律、政策、市场与社会的协同作用，环境责任与绿色经济的结合能够实现双赢，推动社会整体向可持续发展迈进。这一过程不仅有助于保护生态环境，也为企业创造了新的发展机遇。

第四章

绿色经济的技术与创新

030 中国在清洁能源技术方面的创新有哪些?

中国在清洁能源技术方面的创新取得了显著进展，涵盖了太阳能、风能、电动汽车、氢能等多个领域。这些创新不仅推动了能源结构的转型，也为全球绿色经济发展做出了重要贡献。

在太阳能领域，中国已经成为全球最大的光伏产品制造国之一。技术创新使得光伏电池的转换效率不断提高，同时生产成本大幅下降。近年来，单晶硅光伏技术和双面光伏板的应用使得光伏发电的效率得到大幅提升。中国的太阳能技术公司也在大规模光伏发电站建设中取得了全球领先地位。

风能技术的创新同样取得了巨大突破。中国在风力发电设备的制造和技术研发方面不断优化，提高了风电机组的单机容量和运行效率。超大功率风电机组的研发使得风力发电的成本进一步降低，增加了其市场竞争力。海上风电技术也迎来了快速发展，多个海上风电项目已经投入使用，进一步推动了清洁能源的多元化应用。

电动汽车（EV）是中国清洁能源技术创新的重要领域。随着新能源汽车政策的推进，中国在电池技术、电动汽车制造和充电基础设施建设等方面取得了诸多进展。中国的锂电池技术不断突破，提升了电池的能量密度和充电速度，降低了成本。此外，国家在充电桩建设方面的投入和政策支持，加速了电动汽车普及的步伐。中国的电动汽车产业正向全球市场扩展，成为全球电动汽车制造的主要力量。

氢能技术也在中国得到积极推动。氢能被视为未来清洁能源的重要组成部分，尤其在重工业和交通运输领域具有广泛应用前景。中国的氢能技术创新集中在氢气生产、储存和应用技术上。通过发展可再生能源制氢技术（如风能、太阳能制氢），中国不仅提高了氢气的生产效率，还降低了成本。此外，燃料电池技术的研发进步，为氢能在交通领域的应用提供了技术支持。

智能电网和储能技术的创新同样为清洁能源的发展提供了重要保障。智能电网技术能够有效调度分布式清洁能源，提高电网的稳定性和运行效率。储能技术的发展使得可再生能源的波动性得到有效缓解，为绿色能源的广泛应用提供了技术支持。

总体而言，中国在清洁能源技术的创新上持续发力，推动了能源结构的绿色转型。这些技术创新不仅改善了中国的能源结构，也为全球能源转型提供了宝贵经验。

031　绿色科技如何推动中国低碳推广？

绿色科技在推动中国低碳推广方面发挥了至关重要的作用。通过技术创新，中国能够在能源生产、消费、交通等领域实现低碳转型，推动经济向绿色、低碳、高效方向发展。

在能源生产领域，绿色科技的突破使得可再生能源的比重逐年增加。太阳能、风能、水能等清洁能源的技术创新大大提高了其利用效率，同时降低了成本。尤其是光伏和风电技术的快速发展，使得可再生能源逐步取代传统的化石能源，成为主要的能源来源。中国的光伏发电技术不断进步，单晶硅太阳能电池的转换效率提高，生产成本大幅下降。这不仅促进了国内能源结构的绿色转型，也使中国成为全球最大的光伏产品制造和出口国。

绿色科技在电力存储与智能电网领域的创新，为低碳发展提供了技术保障。智能电网的建设通过优化电力调度和智能控制，提升了电力系统的灵活性和稳定性，有效整合了分布式能源，特别是在风能和太阳能等波动性较大的可再生能源的接入方面取得了显著进展。同时，储能技术的成熟使得电力存储成本大幅下降，进一步提高了可再生能源的利用效率，推动了低碳电力的普及。

在交通领域，绿色科技的推动使电动汽车（EV）逐步成为主流。中国在电池技术、电动汽车制造和充电基础设施建设方面的创新，加速了新能源汽车的推广。中国的锂电池技术逐渐取得世界领先地位，提升了电池的能量密度和使用寿命，降低了生产成本。充电桩的布局和充电技术的升级，使得电动汽车的普及变得更加便捷，降低了交通领域的碳排放。

绿色科技还推动了工业领域的低碳转型。通过采用先进的节能减排技术，企业能够提高能源使用效率，减少二氧化碳排放。例如，工业领域的高效锅炉、节能空调、绿色生产工艺等技术，帮助降低了生产过程中对能源的消耗和环境污染。同时，绿色科技在废弃物回收和循环利用方面的应用，也进一步减少了工业生产对资源的依赖，实现了资源的循环利用。

最后，绿色科技还促进了低碳生活方式的普及。智能家居、节能家电和绿色建筑技术使得城市居民的碳足迹逐步降低。绿色建筑通过采用节能材料和智能控制系统，减少了能源消耗，提升了建筑的能源利用效率。

总之，绿色科技的创新在多个领域推动了中国低碳推广。通过不断提升能源利用效率、发展清洁能源和促进低碳生活，中国为实现“碳达峰”和“碳中和”目标打下了坚实的基础。

032 智能电网在中国绿色经济中的应用如何?

智能电网在中国绿色经济中的应用正在快速发展，成为推动能源转型、提高能源效率和降低碳排放的重要技术手段。通过智能电网的创新和广泛应用，中国正在为实现低碳经济和可持续发展奠定基础。

智能电网技术能够实现对电力系统的实时监控和动态调度。与传统电网相比，智能电网更加灵活、智能，能够根据需求自动调整电力分配，优化能源流动，减少能源浪费。在可再生能源的接入方面，智能电网能够有效调节风能、太阳能等波动性较大的能源来源，使其稳定供应到电网中，避免了传统电网在面对可再生能源高波动性时的难题。

智能电网的另一项重要应用是在需求响应管理方面。通过智能化的设备和传感器，智能电网能够实时监测电力需求变化，并通过调节电力供应来应对需求高峰或低谷，避免能源浪费。这不仅提高了电力使用效率，也降低了对高污染、低效能源的依赖。需求响应管理的实施，帮助降低了电力系统对传统化石能源的需求，减少了二氧化碳排放。

在智能电网的支持下，分布式能源系统得以发展。中国的分布式光伏发电和家庭储能系统借助智能电网技术得到了广泛应用。居民和企业不仅可以通过光伏板等设施产生清洁电力，还能够通过储能系统将多余的电力储存起来，满足后续需求。智能电网能够灵活地将这些分布式能源并入电网，实现电力的双向流动，有效提升了能源使用效率。

智能电网还为绿色电动汽车的普及提供了有力支持。充电基础设施的智能化可以根据电动汽车的充电需求、时间和电网负荷情况，智能调度电力资源，从而优化电动汽车的充电过程。通过智能电网，电动汽车不仅能够顺畅地进行充电，还能在电网负荷低谷时充电，提高了充电效率，降低了碳排放。

在能源管理和智能化监控方面，智能电网使得电力公司能够更精准地掌握电力消耗情况，从而实施更加有效的能源调度和管理。这有助于降低整体能源消耗，并提升能源使用效率，从根本上推动绿色经济的发展。

总的来说，智能电网在中国绿色经济中的应用，推动了能源转型，优化了可再生能源的利用，提高了能源管理效率，减少了碳排放。通过智能电网的创新应用，中国正在为建设低碳、绿色的能源体系贡献力量。

033 可再生能源技术在中国的普及与挑战是什么?

可再生能源技术在中国的普及速度非常快，已成为推动绿色经济转型的核心力量。中国在太阳能、风能、水能等领域的技术进步，不仅推动了能源结构的优化，也为全球可再生能源发展提供了有益经验。然而，尽管取得了显著成绩，普及过程中依然面临诸多挑战。

太阳能和风能是中国可再生能源技术应用的主要领域。太阳能光伏技术的进步使得中国成为全球最大的光伏生产国和市场。技术创新不仅提高了光伏电池的效率，还降低了生产成本，大大推动了光伏发电的普及。风能方面，风电机组的技术不断优化，单机容量不断增大，使得风能的利用效率得到提升。特别是在西北、东北等风能资源丰富的地区，风力发电已经成为重要的能源来源。

水能也是中国可再生能源的重要组成部分。中国拥有世界上最大的水电装机容量，水电资源的开发为中国提供了大量清洁电力。随着大规模水电项目的建设，水能已成为中国能源系统中的重要支柱。

尽管技术进步推动了可再生能源的普及，但在推广过程中依然面临不少挑战。首先，能源存储技术仍未完全解决。可再生能源，尤其是太阳能和风能，存在波动性和间歇性，导致电力供应的不稳定。虽然储能技术在不断进步，但高效、低成本的储能解决方案仍然难以广泛应用，这限制了可再生能源的全面利用。

其次，电网基础设施的适应性不足。虽然智能电网的建设在逐步推进，但当前的电网系统仍无法完全适应大量可再生能源的接入。尤其是分布式能源系统和远程地区的可再生能源资源，如何与主电网有效对接，仍是技术和管理上的挑战。

政策和市场环境也是影响可再生能源普及的重要因素。虽然中国政府出台了支持可再生能源发展的政策和补贴，但政策的不稳定性和地方政府执行力度差异，仍然影响了部分地区可再生能源项目的顺利推进。此外，传统能源行业的利益格局仍然强大，行业转型和资本支持方面仍面临一定阻力。

最后，可再生能源的成本竞争力和经济性问题依然存在。尽管技术创新大幅降低了成本，但在某些地区，尤其是远离主要电力市场的偏远地区，清洁能源的经济性仍然无法与传统能源竞争。

综上所述，尽管可再生能源技术在中国取得了显著的进展，推动了绿色能源的普及，但在储能技术、电网适应性、政策支持和成本竞争力等方面，依然面临着一系列挑战。解决这些问题，将为中国可再生能源技术的进一步普及和绿色经济的可持续发展提供有力支撑。

034 绿色建筑技术在中国的应用前景如何?

绿色建筑技术在中国的应用前景广阔，随着国家对环保、节能和可持续发展要求的提升，绿色建筑已成为城市发展中的重要组成部分。这些技术不仅有助于降低能耗和碳排放，还推动了建筑行业向更加环保和高效的方向转型。

在建筑节能方面，绿色建筑技术通过优化建筑设计和使用高效节能材料，实现了能源消耗的大幅度降低。采用双层玻璃窗、外墙保温材料和高效空调系统等技术，能够有效减少建筑的热负荷，降低空调和采暖的能源消耗。此外，屋顶绿化和太阳能光伏板的使用，不仅增加了建筑的绿色覆盖面积，还能够通过光伏发电提供可再生能源，进一步减轻电力需求和碳排放。

绿色建筑的另一大亮点是水资源管理。通过雨水收集、灰水回收等技术，可以有效减少建筑内的用水量，实现水资源的循环利用。这不仅降低了用水成本，也减少了对城市水资源的压力，推动了水资源的可持续管理。

随着绿色建筑标准和认证体系的完善，中国在推动绿色建筑发展方面做出了积极努力。例如，能源与环境设计先锋认证（LEED）和中国绿色建筑评价标准（GBES）为建筑项目提供了明确的绿色认证标准。越来越多的新建商业建筑和住宅项目开始追求绿色认证，推动了绿色建筑在市场上的广泛应用。

然而，绿色建筑技术在中国的推广仍面临一些挑战。尽管绿色建筑在理论上具有较高的节能潜力，但在实际应用中，建筑成本往往比传统建筑高。特别是在一些地方，开发商为了降低成本，往往对绿色建筑技术的投入不足。此外，部分建筑设计师和施工团队在绿色建筑技术的应用上缺乏经验，可能导致技术未能充分发挥其效果。

政策支持方面，虽然中国政府已出台多项鼓励绿色建筑发展的政策，但不同地区对绿色建筑的实施力度和执行标准有所不同，这也影响了绿色建筑技术的普及速度。政府在政策上的进一步引导和激励措施，尤其是在税收优惠、补贴政策和融资支持等方面，能够为绿色建筑技术的推广提供有力支持。

总体来看，绿色建筑技术在中国的应用前景仍然广阔。随着技术的不断进步、政策的持续支持以及公众环保意识的提升，绿色建筑有望在未来成为建筑行业的主流。

035 大数据与人工智能如何助力中国绿色经济?

大数据与人工智能（AI）在推动中国绿色经济发展方面具有巨大的潜力。通过精准的数据分析和智能决策，这两项技术不仅能提高能源效率，还能优化资源管理，减少环境污染，推动绿色产业的转型。

在能源管理领域，大数据与人工智能的结合可以帮助实时监测和优化能源消耗。通过智能电网技术，利用大数据采集电力使用情况，AI能够分析电力需求和供应的变化趋势，自动调节电网的负荷，确保能源的高效利用。这使得能源管理更加智能化，减少了能源浪费，促进了可再生能源的有效接入。此外，通过AI算法对不同能源的调度和存储优化，降低了传统能源对电网的依赖，从而减少碳排放。

在工业领域，大数据与人工智能能够促进绿色制造业的发展。通过实时数据采集和分析，AI能够优化生产过程，减少资源浪费，提高生产效率。例如，在制造业中，AI可通过预测性维护技术，降低设备故障率，提高生产线的运营效率，同时减少不必要的能源消耗和废料产生。此外，基于大数据的分析还可以帮助企业实时监控供应链，优化物料采购和运输路径，降低资源使用和运输过程中的碳排放。

农业领域的绿色发展也受益于大数据与人工智能的应用。通过精准农业技术，AI可以分析土壤、气候、作物生长等多维度数据，制定最适宜的种植方案，优化水肥管理，减少化肥和农药的使用，降低农业生产对环境的影响。大数据技术还可以帮助农业部门实时监测气候变化，为农民提供精准的气象预报，从而降低气候风险对农业生产的影响。

在城市管理方面，大数据与人工智能有助于推动绿色城市的发展。通过智能交通系统，AI可以分析交通流量数据，优化交通信号控制，减少交通拥堵和碳排放。同时，AI还可用于城市垃圾处理和污水管理，通过数据分析优化垃圾收运路线和排放标准，提高城市资源利用效率，减少环境污染。

总的来说，大数据与人工智能通过提升资源管理和优化决策过程，帮助中国在绿色经济转型过程中实现更高效的资源配置、减少能源浪费和碳排放。随着技术的不断进步，未来这两项技术将在绿色经济中发挥更加重要的作用，推动中国朝着低碳、可持续的方向发展。

036 绿色交通技术在中国的发展现状如何?

绿色交通技术在中国的发展进入了快速推进阶段，成为推动绿色经济和可持续发展的重要领域。随着环保意识的提升和政策的支持，电动汽车（EV)、氢能汽车、智能交通系统等绿色交通技术被逐渐应用，并在多个城市得到推广。

电动汽车是中国绿色交通技术发展的主要方向。政府出台了多项激励政策，支持电动汽车的研发、生产和推广。通过政策补贴和免税等措施，电动汽车的销量逐年增长。中国已成为全球最大的电动汽车市场，特斯拉、比亚迪等品牌的电动汽车在国内外市场上表现抢眼。随着电池技术的不断提升，电动汽车的续航里程和充电速度得到了显著改善。同时，充电基础设施建设也在加速，尤其是在一线和二线城市，公共充电桩和私人充电桩数量不断增加，解决了电动汽车充电难的问题。

氢能汽车作为另一项绿色交通技术，在中国也得到了关注。氢燃料电池汽车的应用尚处于起步阶段，但随着技术的成熟和政策支持的加强，氢能汽车的前景被看好。中国政府在氢能基础设施建设和产业链布局上逐步加大投入，部分城市已经开始建设氢气加注站，试点氢能公交车和氢能商用车。这些举措为氢能汽车的普及提供了技术和市场支持。

智能交通系统的建设则是绿色交通技术发展的另一重要方面。通过大数据、人工智能和物联网技术，智能交通系统能够优化交通流量，减少交通拥堵和碳排放。中国多个城市已经开始实施智能交通管理，包括智能信号灯、实时交通监控、共享单车、智能停车等设施。这些技术不仅提升了交通效率，还减少了能源浪费和环境污染。

尽管绿色交通技术在中国取得了显著进展，但仍面临一些挑战。电动汽车的普及需要解决电池回收、充电设施布局不均等问题。氢能汽车的商业化仍受到高成本和氢气生产、储存、运输等技术瓶颈的制约。此外，智能交通系统的建设仍面临技术和数据隐私的挑战，需要加强标准化和信息共享。

总体来看，中国绿色交通技术的迅速发展已为环境保护、能源转型和经济可持续发展带来了新的机遇。随着技术创新和政策支持的持续推进，未来绿色交通将成为中国低碳经济的重要支柱。

037 中国如何推动绿色制造技术创新?

中国推动绿色制造技术创新的路径以政策引导、产业支持和技术研发为核心，旨在提升资源利用效率、降低环境影响，推动传统制造业转型升级。绿色制造的关键在于技术创新，包括清洁生产、节能减排、资源循环利用等方面的突破。

政策层面，中国政府通过出台一系列激励政策和法规，支持绿色制造技术的研发和应用。政府加大对绿色技术的财政支持，设立专项资金，鼓励企业开展绿色技术创新。同时，通过制定严格的环保标准，推动企业采纳绿色制造技术。诸如“绿色制造体系”“绿色发展行动计划”等政策框架为绿色制造提供了明确的发展目标和方向。

产业层面，绿色制造技术创新通过加强产学研合作促进产业化应用。中国的高校和科研机构积极与制造企业对接，推动绿色制造技术的产业化转化。例如，清洁生产技术和智能制造系统在多个工业领域的应用，提高了生产过程的能源效率，减少了废弃物和污染物排放。许多企业已开始采用先进的能源管理系统和污染治理设备，减少了能源消耗和有害排放。

技术创新方面，中国注重在节能减排、资源循环利用等领域取得突破。在节能方面，采用高效设备和智能控制技术，优化生产工艺，降低了单位产品的能耗。例如，钢铁、化工、纺织等行业通过技术改造，降低了传统生产工艺的能耗和物耗。资源循环利用方面，中国推动工业废弃物的再利用和再制造技术的应用。许多企业已通过废料回收、再加工等手段，实现了资源的高效利用，减少了对自然资源的依赖。

绿色制造还体现在数字化转型上，智能制造系统和大数据分析帮助企业优化生产流程，减少生产过程中的能源浪费。物联网技术的应用使得工厂设备能够实时监控和调节，确保能源和原材料的最优使用。数字化工厂和智能供应链的兴起，使得生产过程更加高效、绿色，进一步推动了绿色制造技术的创新和普及。

然而，绿色制造技术的推广仍面临一定挑战。技术创新的成本较高，许多中小企业难以负担，且缺乏相关人才和技术储备。此外，绿色制造的标准和认证体系尚未完全完善，市场准入门槛较高，限制了企业的积极性。

总体来看，中国在绿色制造技术创新的推动中，依赖于政策、产业和技术三方协同发力。随着技术不断进步和政策环境不断优化，绿色制造将成为推动中国制造业转型和可持续发展的关键力量。

038 绿色金融技术在中国的应用和发展方向是什么？

绿色金融技术在中国的应用和发展方向正朝着更加智能化和系统化的方向发展。随着绿色经济的不断推进，金融领域已成为支持可持续发展和环境保护的重要工具。绿色金融技术通过运用数字化、智能化手段，优化资本配置，推动绿色项目的融资，并提高资源的配置效率。

在绿色金融技术的应用方面，金融科技助力绿色债券市场、绿色基金和碳交易市场的蓬勃发展。中国的绿色债券市场日益成熟，银行、证券公司等金融机构通过发行绿色债券，为可再生能源、绿色建筑、环保项目等提供融资支持。这一过程中，金融科技的应用起到了信息透明化、交易流程自动化和风控管理智能化的重要作用。

智能化的投资评估系统也被广泛应用于绿色金融产品中。通过大数据分析和人工智能技术，金融机构能够对环境、社会和治理（ESG）指标进行精准评估，为投资者提供更具洞察力的投资决策依据。这种基于数据驱动的评估方式，使得绿色金融产品的风险控制更加科学，推动了绿色资本市场的进一步发展。

碳交易市场的建设是绿色金融技术的另一重要领域。中国在碳排放权交易和碳信用机制方面取得了显著进展。通过数据分析和区块链技术，碳交易平台的管理变得更加透明、规范，参与者能够更方便地进行碳排放交易。智能合约和自动化交易系统的应用，使得碳市场的运行效率得到了大幅提升，进一步推动了碳定价机制的完善和市场化交易的扩大。

未来，绿色金融技术的进一步发展将集中在以下几个方向。一方面，人工智能和大数据的结合将使得绿色金融产品的风险评估更加精准，提升绿色投资的回报率和安全性。另一方面，区块链等技术将在绿色资产的流动性、透明度和监管方面发挥更大作用，推动绿色金融市场向更加透明、公正的方向发展。可持续投资决策的智能化将有助于引导更多资本流向绿色、低碳和可持续的产业，推动经济转型。

综上所述，绿色金融技术在中国的应用和发展，不仅推动了绿色经济的融资和投资效率提升，也为环境保护和可持续发展提供了新的金融工具和技术支持。未来，随着技术的不断进步和政策的支持，绿色金融将成为推动中国绿色经济转型的关键力量。

039 绿色科技创新如何促进中国经济的转型？

绿色科技创新在中国经济转型过程中扮演着至关重要的角色，尤其是在推动低碳经济、提升资源利用效率和实现可持续发展的目标上。随着环境问题日益严峻，绿色科技不仅为经济发展提供了新的动能，还加速了产业结构优化和绿色发展的进程。

绿色科技创新通过技术突破，帮助传统产业实现转型升级。能源领域的创新，尤其是在可再生能源技术上，推动了中国从传统化石能源依赖向清洁能源转型。例如，太阳能、风能和氢能技术的进步，不仅提升了能源供应的清洁度，还促进了能源生产和消费模式的根本变化。这些创新不仅有助于减少碳排放，还推动了相关产业链的发展，带动了新兴绿色产业的崛起。

在制造业领域，绿色科技创新使得生产过程中的能源消耗和资源浪费大大减少。通过智能制造和节能技术的应用，制造企业能够实现更高效的生产流程，降低生产成本，提升产品的环保性能。这不仅提升了企业的国际竞争力，也加快了中国制造业的绿色转型，推动了绿色产品和绿色服务的产业化。

绿色科技还在农业领域发挥着重要作用。精准农业技术的发展，使得农民能够利用大数据和物联网技术实时监控农田环境，科学调节水肥使用，减少化肥农药的依赖，提升农业生产效率并减少对生态环境的压力。这一转型不仅提升了农业的可持续发展能力，也推动了绿色农业的创新发展。

交通领域的绿色科技创新也在加速推动经济转型。电动汽车、氢能汽车和智能交通技术的进步，使得交通行业的碳排放大幅下降，同时提升了交通管理的智能化水平。绿色交通技术不仅改善了城市环境质量，还促进了新能源汽车产业的快速发展，推动了汽车产业的绿色升级。

随着绿色科技创新的不断发展，绿色金融的支持也为其提供了有力的支撑。通过绿色金融市场的建设，绿色科技创新得以吸引更多的资金流入，推动了绿色项目和企业的可持续发展。这不仅促进了绿色产业的发展，也为中国经济的转型提供了更多的投资机会和增长动力。

总的来说，绿色科技创新不仅推动了中国经济的绿色转型，还为经济高质量发展注入了新的动能。随着技术不断进步和政策不断完善，绿色科技将继续在中国经济转型过程中发挥越来越重要的作用，推动中国实现绿色、低碳、可持续的发展目标。

第五章

绿色经济产业发展

040　中国绿色能源产业的发展趋势如何?

中国绿色能源产业正在加速发展，未来趋势主要集中在技术创新、产业整合以及政策推动等方面。随着环保政策和碳排放目标的强化，绿色能源已经成为中国能源战略中的关键组成部分。可再生能源，尤其是太阳能、风能和氢能，正在逐步取代传统化石能源，成为能源转型的重要推动力量。

太阳能和风能的市场扩展仍是绿色能源领域的核心。随着技术的不断进步，光伏发电和风力发电的成本大幅下降，使得其在能源结构中的比例不断提高。中国作为全球最大的光伏和风电生产国，未来几年内，预计将继续扩大装机容量，尤其在中西部地区，太阳能和风能的开发潜力巨大。此外，随着电池技术的提升，储能系统逐渐成熟，可再生能源的波动性问题将得到更好的解决。

氢能作为一种清洁能源，逐渐成为中国绿色能源发展的新亮点。氢能的生产、储存和运输技术正在快速发展。政府已经出台政策鼓励氢能产业的创新，并在多个城市开展氢能基础设施建设，如氢能加注站的建设和氢能车辆的推广。随着技术的突破，氢能有望在工业、交通等领域得到广泛应用，为绿色能源产业提供新的发展机遇。

智能电网是推动绿色能源发展的另一重要趋势。中国正加快建设智能电网，通过信息技术、物联网等手段，提升电力系统的调度能力和能源利用效率。智能电网的应用将有助于更好地整合可再生能源，促进电力的灵活调配，减少能源浪费，提升电网的稳定性和可靠性。随着智能电网建设的深入，中国的绿色能源利用效率将大幅提升。

政策层面的支持是绿色能源产业发展的重要推动力。中国政府实施了一系列鼓励绿色能源发展的政策，包括补贴政策、税收优惠和绿色金融支持等。这些政策促进了绿色能源技术的研发和市场化应用，同时推动了绿色能源产业链的完善。

总体来看，中国绿色能源产业将在技术创新、政策支持和市场需求的驱动下，继续加速发展。随着技术进步和成本下降，绿色能源的市场份额将进一步扩大，成为推动中国能源转型和实现碳中和目标的核心力量。

041　中国绿色建筑产业的现状和未来是什么？

中国绿色建筑产业正在快速发展，成为推动可持续城市化和低碳经济的重要组成部分。随着环保意识的提升和国家政策的支持，绿色建筑已从早期的探索阶段进入到大规模应用阶段，并呈现出行业的广泛参与和技术创新的特点。

目前，中国绿色建筑的建设和应用主要集中在大型城市，尤其是北京、上海、深圳等地的商业和住宅项目。绿色建筑标准逐渐被普及，国家对绿色建筑的支持政策也不断加强，推动了建筑行业的转型。绿色建筑的核心理念是节能、节水、节地和环境保护，其中，能源效率的提升是最为关键的一环。建筑材料的绿色选材、节能设备的应用以及智能化管理系统的采用，使得新建建筑在降低碳排放和能源消耗方面取得了显著成效。

绿色建筑的认证体系在中国已日趋成熟，《绿色建筑评价标准》（GB/T 50378-2019）成为行业的权威标准。此外，中国还采用了LEED和BREEAM等国际绿色建筑认证体系。许多大型房地产企业和建筑公司已经将绿色建筑标准融入其产品设计和施工过程中，尤其是在高端住宅、办公楼以及公共建筑项目中，绿色建筑的比例逐渐上升。

随着技术的不断进步和政策的进一步推动，未来绿色建筑产业的趋势将向智能化、低碳化和资源循环利用方向发展。建筑节能技术将持续创新，智能建筑系统、能源管理系统的广泛应用将提升建筑的运行效率。绿色建筑不仅关注设计阶段的环保，更强调建筑在使用阶段的持续节能和低碳排放。通过结合大数据、物联网等现代技术，建筑物的能源消耗、温湿度控制、照明系统等都能实现更精准的调节和管理。

在政策方面，政府的推动力度将继续加强，绿色建筑的税收优惠、贷款支持、政府采购等政策将进一步激励企业加大绿色建筑的投资。此外，绿色建筑不仅仅局限于新建项目，既有建筑的改造和节能改造也将成为未来发展的重点。绿色建筑市场的需求将从一线城市扩展到二、三线城市，绿色建筑理念将逐步渗透到整个建筑产业链。

总之，中国绿色建筑产业的未来充满机遇，随着技术、政策和市场需求的不断推动，绿色建筑将在提升环境质量、节约资源和推动经济转型方面发挥越来越重要的作用。

042　绿色金融产业在中国的发展前景如何？

中国绿色金融产业的发展前景十分广阔，伴随全球环保意识的提升和低碳转型的加速，绿色金融已成为中国经济结构转型的重要支柱。作为支持绿色经济发展的金融工具，绿色金融包括绿色债券、绿色基金、绿色保险等，旨在为环保和可持续项目提供资金支持。

当前，中国绿色金融市场迅速成长，政策支持力度不断加大。中国政府在推动绿色金融发展方面出台了一系列政策措施，如《中国绿色债券支持项目目录》和《绿色金融改革创新试验区实施方案》等，推动了绿色金融的规范化和市场化。2016年，中国人民银行等五部委联合发布的《金融业标准化体系建设发展规划（2016—2020年）》明确提出要建立绿色金融体系，进一步加速了绿色金融市场的发展。

绿色债券和绿色基金是中国绿色金融市场的核心产品。绿色债券的发行量逐年增长，已经成为国际资本市场关注的重要组成部分。中国是全球第二大绿色债券市场，众多金融机构和企业积极参与其中，融资规模不断扩大。与此同时，绿色基金的设立和运作也呈现出多元化趋势，尤其是在可再生能源、环保技术和清洁生产等领域，资金的流入推动了绿色项目的实施。

未来，绿色金融产业的潜力将进一步释放。随着绿色投资理念的深入人心，绿色金融的参与主体将更加多样化，除了传统金融机构外，企业、地方政府和社会资本等多方将积极参与绿色金融市场。同时，国际合作和绿色金融跨境流动也将成为未来发展的重要方向，尤其是在共建“一带一路”的背景下，绿色金融有望成为中国与其他国家合作的重要纽带。

技术创新和绿色金融产品的多样化也将促进绿色金融的发展。随着金融科技的快速发展，区块链、大数据、人工智能等技术将推动绿色金融的透明度、效率和可追溯性，增强市场的信任度。绿色金融产品的创新，如绿色资产证券化、绿色保险等，将进一步扩大市场的深度和广度。

总的来说，绿色金融产业在中国的未来前景广阔。随着政策的支持、市场的成熟和技术的创新，绿色金融将成为推动绿色经济、促进可持续发展的重要力量，为中国经济实现低碳、绿色转型提供强大的资金保障和市场驱动。

043　如何推动绿色旅游产业发展？

绿色旅游产业的发展，离不开可持续发展的理念和政策支持。随着环境保护意识的提升和消费者对生态旅游需求的增长，绿色旅游逐渐成为旅游行业的重要趋势。推动绿色旅游产业发展，关键在于平衡经济增长与环境保护之间的关系，确保旅游活动对环境的影响最小化。

环境友好的基础设施建设是推动绿色旅游的第一步。旅游地的生态环境保护和设施的绿色化改造，能够减少对自然资源的消耗。例如，推广节能建筑、使用环保材料以及合理规划旅游路线等，都能有效降低旅游业对生态环境的破坏。此外，绿色交通系统的建设也是绿色旅游的核心之一。鼓励使用公共交通工具、电动汽车和低碳交通方式，可以减少旅游业对碳排放的影响。

绿色旅游产品和服务的创新也至关重要。旅游企业应结合生态保护和文化传承，推出低碳、环保的旅游产品，例如生态农场游、自然保护区游和绿色酒店等。绿色酒店在能源利用、废水回收、垃圾分类等方面进行创新，既能提高自身的运营效益，又能为游客提供环保的住宿选择。

政策引导对绿色旅游的推动作用不可忽视。政府应通过制定绿色旅游标准、提供财政补贴、税收优惠等政策，鼓励旅游企业践行绿色发展理念。此外，绿色旅游的推广需要政府与企业的密切合作，共同开发绿色旅游目的地，提升旅游行业的整体绿色水平。加强环保法规的落实，严格管理旅游资源的开发和保护，避免过度开发带来的生态损害。

公众参与和教育也是推动绿色旅游的关键因素。通过环保教育和推广活动，提高游客的环保意识，鼓励他们选择低碳、绿色的旅游方式。公众的绿色消费理念逐步增强，推动旅游市场向更加可持续的方向发展。

未来，随着绿色旅游理念的普及和技术的进步，绿色旅游产业将在全球范围内迎来更大的发展机遇。推动绿色旅游，不仅能促进旅游业的可持续发展，也有助于生态环境保护和地方经济的长远发展。

044　中国绿色农业产业链如何建设？

中国绿色农业产业链的建设需在保护生态环境的同时，推动农业现代化和可持续发展。绿色农业产业链的核心是从生产、加工、销售到消费的全过程中，减少资源消耗、降低环境污染，提升产品的质量与安全性。这一产业链的建设不仅需要技术创新，还需要政策支持、市场导向和社会各方的共同参与。

绿色农业的第一步是推动农业生产的绿色转型。推广生态农业技术，如有机农业、精准农业和循环农业，能够有效减少化肥和农药的使用，改善土壤和水资源的质量。通过农业科技的创新，推广高效、环保的生产方式，提高作物产量的同时，降低对环境的负担。此外，农田水利设施的绿色化改造也至关重要，水资源的合理利用能提升农业生产的可持续性。

绿色农业加工环节的优化同样重要。绿色农业产品的加工需要遵循环保标准，减少废弃物和能源消耗，采用清洁生产技术，确保加工过程对环境的影响最小化。例如，推动绿色食品加工厂的建设，提高绿色食品认证标准，推动农产品的深加工和品牌化，提升产品附加值，从而形成绿色农业的良性循环。

绿色农业的流通和消费环节，需要强化绿色营销和消费者教育。通过完善绿色产品认证体系，向消费者传递绿色农产品的优势和价值，增加市场对绿色产品的认同。电子商务平台的建设也为绿色农业提供了更广阔的销售渠道，推动绿色农产品的全国乃至国际化流通。

政策支持是建设绿色农业产业链的重要保障。政府应出台和完善绿色农业补贴政策，鼓励农民采用绿色生产方式，并通过税收优惠等手段激励农业企业转型。绿色金融工具，如绿色信贷和绿色保险，也能为农户和农业企业提供必要的资金支持。

绿色农业产业链的建设，涉及各个环节的协调与配合。农业生产端、加工端、流通端和消费端都需要在绿色发展的框架下，形成一条环保、高效、可持续的产业链。随着政策的不断完善和技术的进步，中国绿色农业产业链将在促进农业高质量发展、提升农村经济活力、改善生态环境等方面发挥更大的作用。

045　绿色家电和绿色消费的市场潜力如何？

绿色家电指的是符合环保要求、能效高、使用过程中对环境影响较小的家电产品。这类产品不仅符合现代消费者对节能、环保、健康等多重需求，也契合全球绿色低碳经济发展的趋势。绿色家电和绿色消费的市场潜力巨大，随着消费者环保意识的不断提升和政府政策的支持，绿色家电行业正在迎来前所未有的发展机遇。

中国绿色家电市场的增长潜力主要来自两方面。一方面，国家在推动绿色发展过程中出台了一系列政策支持绿色家电的生产和消费。例如，国家出台的“节能产品惠民工程”提供了对绿色家电的补贴政策，推动了家电产业的绿色转型。另一方面，随着消费者生活水平的提升和环保意识的增强，越来越多的人开始关注家电产品的能效和环保性能。绿色家电产品不仅能减少能耗，降低碳排放，还能通过减少有害物质的使用，提高生活质量，满足市场对健康、绿色产品的需求。

绿色家电的市场潜力也与技术进步密切相关。随着智能家居技术的发展，绿色家电产品逐渐融入智能控制和物联网技术。智能家电不仅能实现更高效的能源管理，还能根据使用情况自动调节，最大程度地减少能源浪费。随着技术的不断成熟，绿色家电的功能越来越丰富，消费者的选择也更加多样化，这为绿色家电市场的进一步扩展创造了有利条件。

绿色消费的市场潜力同样值得关注。消费者在购买家电、汽车、食品等产品时，越来越倾向于选择低碳、环保的产品。绿色消费不仅体现在产品选择上，还包括消费者在日常生活中的绿色行为，例如节能减排、减少浪费、注重可回收资源的利用等。这一趋势为绿色产品提供了广阔的市场空间，同时推动了企业加大绿色创新和绿色产品研发的力度。

从市场规模来看，绿色家电和绿色消费的潜力逐年扩大。随着市场对环保产品需求的增加，越来越多的企业将绿色技术作为创新的核心，生产出符合环保要求的产品。此外，政府和社会对绿色消费的倡导和支持，也将进一步加速这一市场的成熟。

总的来说，绿色家电和绿色消费的市场前景广阔。随着环保政策的持续推动、技术的不断创新以及消费者环保意识的提升，绿色家电行业将迎来新的增长机遇，成为推动中国经济绿色转型的重要力量。

046　如何推动绿色物流产业发展？

绿色物流产业的发展关键在于减少物流过程中对环境的负面影响，提高资源利用效率，并推动物流行业向低碳、环保、智能化方向转型。随着电子商务的快速发展和环保政策的逐步加强，绿色物流成为物流行业创新发展的重要方向。

物流环节中的能源消耗和碳排放是影响环境的主要因素。推动绿色物流需要从优化运输方式、提升车辆能效、使用清洁能源等方面着手。鼓励企业采用低碳和清洁能源车辆，如电动卡车和氢能车辆，不仅能减少化石燃料的依赖，还能降低运输过程中产生的二氧化碳排放。此外，物流企业可以通过智能化的调度系统优化运输路线，减少空驶率，从而提高运输效率，减少能源浪费。

绿色包装的推广也是推动绿色物流的重要组成部分。传统包装材料大多使用塑料等不可降解的物质，带来了大量的环境污染。通过推广可降解、可回收和可循环利用的包装材料，可以有效减少物流过程中产生的固体废弃物。例如，采用纸质包装、可重复使用的容器以及创新性环保包装技术，能够减少资源消耗，并促进循环经济的实践。

在仓储和配送环节，绿色物流的推广同样具有重要意义。通过建设绿色仓储设施，提高能源利用率，优化仓储管理，减少不必要的资源浪费。同时，发展城市配送网络，采用共享经济模式和智能物流系统，可以提高配送效率，减少交通拥堵和能源消耗，推动绿色物流的发展。

政府政策对绿色物流的发展起到了推动作用。通过税收优惠、绿色认证和环保标准的制定，政府可以鼓励物流企业采取绿色技术和管理措施。同时，政府应支持绿色物流基础设施建设，如充电桩的建设和绿色仓储设施的投资，为企业提供更好的运营条件。

绿色物流产业的发展离不开技术创新和社会各方的参与。科技进步为物流行业提供了更多绿色发展工具，智能化技术和大数据分析可以为物流企业提供精准的运营决策，降低能耗和提高运输效率。企业、消费者和政府的共同努力，将推动绿色物流产业的持续发展，为实现低碳经济和可持续发展目标做出贡献。

047　中国如何发展绿色环保产业？

中国发展绿色环保产业需要从政策引导、技术创新和市场机制等多个方面入手，以实现经济发展与环境保护的双赢。随着环境问题的日益严峻，绿色环保产业已成为国家经济发展的重要支柱，推动这一产业的可持续发展，既是改善环境质量的必要手段，也是实现高质量发展的关键路径。

政府政策支持是推动绿色环保产业发展的基础。中国已出台一系列绿色发展政策，如《生态文明建设规划纲要》和《“十四五”生态环境保护规划》，为绿色环保产业提供了明确的方向和政策支持。通过政策引导，政府鼓励绿色技术的研发和应用，推动绿色生产方式的普及，并加强环保法律法规的执行力度。此外，税收优惠、绿色金融支持和政府采购等措施，为企业转型升级提供了资金支持。

技术创新是绿色环保产业发展的核心驱动力。绿色环保产业涉及多个领域，包括水污染治理、空气污染控制、废弃物处理和可再生能源等。推动绿色环保产业发展，需要加大环保技术的研发力度，提升核心技术的自主创新能力。通过引入先进的污染治理技术和设备，提升资源回收利用率，降低企业的能源消耗和环境负担。同时，绿色建筑、清洁能源和智能环保技术的发展，也为环保产业带来了新的增长点。

市场机制对绿色环保产业的推进具有重要作用。随着消费者环保意识的提升，绿色消费逐渐成为主流。绿色产品的需求不断增加，促使企业加大绿色产品和服务的投入。在绿色消费的驱动下，环保产品如节能家电、绿色建筑材料、环保包装等逐渐受到市场青睐。此外，绿色金融工具的运用，如绿色债券、绿色基金等，也为环保项目提供了融资支持，推动了绿色投资的扩大。

产业链整合和跨界合作是推动绿色环保产业发展的有效方式。环保产业的关键在于整合各类资源，推动绿色技术、绿色产业与传统产业的协同发展。政府、企业和社会组织的协作，可以形成良性的产业生态，推动绿色产业的协同创新。

总的来说，中国要发展绿色环保产业，必须在政策支持、技术创新、市场机制和产业链协同等方面持续发力。通过促进绿色产业的全面发展，不仅可以改善生态环境，还能为经济转型升级提供新的动力，推动中国走向更加绿色、可持续的未来。

048　电动汽车产业在中国的未来是什么？

电动汽车产业在中国的未来充满机遇与挑战。随着环保政策的推动、技术的进步以及市场需求的增长，电动汽车（EV）产业正逐渐成为中国汽车行业的核心部分。未来，电动汽车将在能源转型、减排目标和消费升级等方面发挥重要作用，成为推动中国绿色发展的关键力量。

政策支持是电动汽车产业未来发展的重要保障。中国政府出台了一系列促进电动汽车发展的政策，包括购车补贴、免征购置税和推广充电基础设施建设等。这些政策为消费者和制造商提供了激励，促进了电动汽车的普及。此外，政府还设定了“碳达峰”和“碳中和”目标，推动电动汽车成为实现低碳经济的重要手段。未来，政府可能进一步加大对电动汽车的补贴力度，同时强化对传统燃油车的监管和限制，推动电动汽车逐步取代传统汽车。

技术进步是电动汽车产业发展的核心驱动力。随着电池技术、充电技术和智能化技术的不断进步，电动汽车的性能不断提升，续航里程逐渐增加，充电时间缩短，整体成本下降。尤其是锂电池技术和固态电池的进展，为电动汽车提供了更高效、更环保的能源解决方案。此外，智能网联技术的应用使得电动汽车不仅能提供更加智能化的驾驶体验，还能够实现更高效的能源管理和出行服务。

市场需求的增长为电动汽车产业的未来注入了动力。随着消费者环保意识的提升以及对智能、低碳出行的需求增加，电动汽车逐渐成为越来越多消费者的首选。特别是在城市地区，电动汽车的环保优势和使用便利性使其更受欢迎。同时，传统车企纷纷转型，加大对电动汽车的研发投入，不仅推出了更具竞争力的产品，还提高了电动汽车的性价比。消费者的购买意愿提升，将进一步促进电动汽车市场的快速扩张。

充电基础设施的建设是推动电动汽车普及的关键。随着充电桩网络的日益完善，电动汽车的使用便利性大大增强。未来，随着公共充电设施的覆盖面扩大，家庭充电设备的普及，电动汽车的使用场景将更加广泛，解决消费者对充电难题的担忧，进一步推动产业发展。

尽管如此，电动汽车产业也面临一些挑战，主要体现在电池回收、充电设施建设的均衡发展以及市场竞争的加剧等方面。解决这些问题需要政府、企业和消费者的共同努力。

总的来说，中国电动汽车产业的未来充满潜力。随着政策、技术、市场和基础设施的不断优化，电动汽车将逐步成为主流出行方式，助力中国实现绿色低碳发展目标。

049　绿色金融产品如何促进中国市场的绿色转型？

绿色金融产品在中国市场的绿色转型中发挥着日益重要的作用。这些产品通过引导资金流向环保、节能和低碳项目，推动绿色产业的发展，促进经济与环境的双重可持续性。随着环保需求的增加和政策的支持，绿色金融产品不仅有助于企业绿色转型，也为投资者提供了新的投资渠道，促进了绿色经济的全面发展。

绿色债券是中国绿色金融产品的重要组成部分。通过绿色债券，企业和政府能够为绿色项目融资，如清洁能源、环保设施建设和绿色建筑等。这些债券的收益通常用于资助符合绿色标准的项目，从而促进资源的高效利用和环境保护。随着中国绿色债券市场的不断扩大，绿色债券已成为推动绿色转型的重要融资工具。同时，绿色债券市场的成熟也增强了国内外投资者对中国绿色产业的信心。

绿色基金和绿色股权投资是另一类推动绿色转型的重要金融工具。绿色基金专门投资于环保和低碳领域的企业，涵盖了新能源、绿色建筑、清洁技术等多个行业。这些基金不仅为环保项目提供了资金支持，也推动了绿色产业的技术创新和市场扩展。通过吸引社会资本进入绿色产业，绿色基金促进了环境友好型企业的发展，推动了资本市场向绿色领域的聚集。

绿色金融产品的推广，也离不开政府政策的引导。中国政府出台了一系列鼓励绿色投资的政策措施，包括税收优惠、绿色信贷和绿色保险等。这些政策为金融机构和投资者提供了优惠条件，降低了绿色项目的融资成本，增加了对绿色项目的投资意愿。此外，政府对绿色金融产品的监管和认证体系的建立，也为投资者提供了更高的透明度和信任度，推动了绿色金融市场的成熟。

绿色金融的推广有助于绿色项目的规模化和市场化。通过金融工具的创新，资金能够高效地流向具有绿色和可持续特点的项目，推动产业结构的优化升级。这种资金的流动不仅帮助绿色企业降低融资难度，还促进了技术的创新和环保产业的发展。随着更多的金融机构推出绿色产品，绿色金融市场将进一步扩大，形成绿色金融产业链，推动中国绿色经济的全面转型。

综上所述，绿色金融产品为中国市场的绿色转型提供了强有力的支持。通过政策引导、金融创新和市场推动，绿色金融产品不仅促进了绿色项目的发展，还为社会资本向绿色领域流动提供了平台，加速了中国绿色经济的转型进程。

050　绿色数据中心建设的挑战与机遇是什么？

绿色数据中心的建设，作为应对全球气候变化和推动低碳发展的重要组成部分，面临着一系列挑战与机遇。

一方面，绿色数据中心需要解决能源消耗和碳排放高的问题。传统数据中心耗电量巨大，尤其是为了维持服务器的运行与数据的冷却系统。因此，绿色数据中心的首要任务是如何采用清洁能源，如太阳能、风能等，来替代传统的化石能源。然而，这一转型需要相当大的初期投资，包括清洁能源设备的采购和建设，以及相关技术的研发。这也带来了资金压力，尤其是在一些经济欠发达地区，绿色能源的建设和普及面临一定的障碍。

此外，技术革新是绿色数据中心建设中的另一个挑战。要实现数据中心的高效运作，必须不断优化硬件设备和运维技术。这不仅仅是更换设备或更新软件的问题，还涉及如何从设计阶段开始，就考虑能源效率、冷却系统的优化以及系统的可持续性。而这些都要求开发更加高效且节能的技术，减少能源的浪费，同时避免硬件的频繁更换，降低电子垃圾的产生。

然而，挑战背后也隐藏着许多机遇。随着全球对碳中和目标的高度重视，绿色数据中心逐渐成为一种趋势，政策支持和市场需求也在不断增加。各国政府纷纷出台补贴政策，鼓励企业向绿色、低碳转型。比如，欧盟的绿色协议和中国的“双碳”政策，都为绿色数据中心的建设提供了政策保障和财政支持。

与此同时，绿色数据中心也能带来显著的经济效益。通过采用节能技术和优化资源配置，运营成本能够大幅降低。数据中心在日常运行中，通过对能源使用的智能管理，能够实时监控并优化能效，从而在节省能源和成本的同时，也有助于提升企业的竞争力。此外，绿色数据中心的建设，也能够提高企业的社会责任感和品牌形象，吸引更多环保意识强的客户和合作伙伴。

技术创新为绿色数据中心提供了更多的解决方案。云计算和边缘计算的普及，能够有效地分散数据处理的负荷，降低集中数据处理中心的能耗。同时，人工智能、大数据分析等技术的运用，可以实时优化资源调度和能源管理，提升整体能效。这些技术的应用，不仅仅推动了绿色数据中心的发展，也进一步加速了数字化转型的进程。

总的来说，绿色数据中心的建设虽然面临诸多挑战，如资金投入、技术研发和运营管理等，但随着政策支持的增强、技术进步以及市场需求的增长，其在未来的发展前景广阔。对各方而言，抓住这一机遇，既是对环境负责的表现，也是推动产业和经济可持续发展的关键一步。

051 生物多样性保护与绿色经济如何协同发展？

生物多样性保护与绿色经济的协同发展是实现可持续发展的重要路径之一。二者之间存在着深刻的联系：生物多样性是生态系统健康和人类福祉的基础，而绿色经济则以资源高效利用、低碳发展和生态保护为核心，旨在推动经济增长与环境保护的双赢。

在绿色经济框架下，生物多样性保护不仅仅被视为生态目标，也被纳入经济发展考量。保护生物多样性有助于增强生态系统服务功能，如水源净化、土壤保持、气候调节等，这些服务对农业、渔业、林业等产业的可持续发展至关重要。因此，生物多样性的保护能够为绿色经济提供稳定的自然资本和资源支持。绿色经济发展模式通过减少对自然资源的过度消耗和污染排放，能够减少生态系统的破坏，从而促进生物多样性的保护。

另一方面，生物多样性本身也为绿色经济创造了丰富的机会。生物多样性相关产业，如生态旅游、可持续农业、生态保护等，能够为社会创造新的就业机会和经济价值。例如，生态旅游能够吸引游客参观生物多样性丰富的地区，不仅带动当地经济，还能提高公众对自然保护的意识。可持续农业和渔业等模式则能够有效保护物种多样性，同时提高资源利用效率，减少环境负担。

政策层面的支持也是生物多样性保护与绿色经济协同发展的关键。许多国家已在其环境政策中将生物多样性保护与绿色经济目标结合起来，实施绿色产业政策、生态补偿机制和绿色金融政策，推动生态文明建设。例如，通过碳交易、绿色债券等金融工具，吸引资本投向生物多样性保护项目，帮助企业实现绿色转型。这些政策不仅促进了经济发展，也为生物多样性保护提供了资金和技术支持。

技术创新在协同发展中也扮演着重要角色。环境监测、物种保护技术、绿色生产技术的进步，有助于更加精准地识别和保护濒危物种，优化资源配置，提升绿色经济效率。同时，生物科技的突破也能推动可持续农业和林业的发展，如通过基因改良和生物多样性恢复技术，提升作物和森林的抗逆性和产量，从而减轻对生态环境的压力。

然而，生物多样性保护与绿色经济的协同发展也面临着一定的挑战。传统的经济增长模式常常忽视生态环境的负担，导致生物多样性遭到破坏。因此，必须加强环境教育和公众意识的提升，推动绿色经济理念深入人心。与此同时，制定更加有效的环境监管机制，确保企业在追求经济效益的同时，履行生物多样性保护责任，也是实现二者协同发展的关键。

总之，生物多样性保护与绿色经济的协同发展是一个双向促进的过程，通过合理的政策支持、技术创新和产业转型，可以实现生态环境和经济发展的双赢，推动社会迈向可持续发展的未来。

052 如何通过数字化赋能绿色经济？

数字化为绿色经济提供了巨大的发展潜力，通过技术创新和数据驱动的方式，能够显著提升资源利用效率，减少能源消耗，并推动可持续发展。数字化转型不仅为传统行业带来新的增长动力，也为绿色经济的转型提供了技术支撑。

一方面，数字化技术有助于优化资源的管理与配置。在能源领域，通过智能电网和大数据分析，能够实时监测能源使用情况，优化能源分配，减少浪费。例如，智能电表和传感器可以监测家庭、工业和商业单位的能源消耗，帮助用户及时调整用能行为，降低不必要的能源消耗。这些技术不仅有助于提高能源使用效率，还能够促进可再生能源的广泛应用。通过智能电网的调度和优化，风能、太阳能等不稳定的能源能够更加高效地融入电网，降低传统能源依赖。

在工业领域，数字化技术通过物联网和自动化设备，使得生产过程更加智能化和节能。通过实时监控和数据分析，生产流程中的能源消耗、原材料使用和排放等都能得到精确掌控，进一步减少对资源的依赖并提高生产效率。数字化不仅帮助企业降低运营成本，还能够减少生产过程中的废弃物和污染物排放，推动绿色制造和清洁生产。

数字化在农业中的应用同样为绿色经济注入了新动力。精准农业利用卫星遥感、物联网和数据分析技术，帮助农民实现对土地、作物和水资源的精确管理。通过实时监测土壤湿度、气候条件和作物生长情况，农民可以根据实际需求调整灌溉、施肥和农药使用，减少资源浪费和环境污染。同时，精准农业还能提高作物产量和质量，推动农业可持续发展。

绿色金融也能从数字化中受益。区块链技术和大数据分析的应用，使得绿色金融产品更加透明、可追溯和高效。投资者能够通过数字化平台及时了解绿色项目的环境影响、财务状况等信息，从而作出更加理性的投资决策。此外，数字化支付和融资平台的普及也使得小型绿色项目能够更加方便地获取资金支持，加速绿色经济的发展。

不过，数字化赋能绿色经济的同时，也需要解决一些潜在的挑战。例如，数字技术的普及和应用需要大量的初期投资，特别是在一些发展中国家和地区，资金和技术的短缺可能会限制其绿色转型进程。此外，数据隐私和网络安全问题也成为数字化转型中的重要考虑因素，尤其是在大规模收集和处理能源、农业等敏感数据时，如何确保信息的安全性和隐私保护是需要解决的重要问题。

总之，数字化通过提高效率、优化资源配置和推动绿色技术创新，为绿色经济的可持续发展提供了强大动力。随着技术的不断进步，数字化将进一步加速绿色经济的转型，推动全球向低碳、可持续的未来迈进。

053 循环经济如何助力中国实现“无废城市”目标?

循环经济在推动中国实现“无废城市”目标中具有重要作用。作为一种新的经济模式，循环经济强调资源的最大化利用、废弃物的最小化和产品生命周期的延长。其核心理念是通过减少资源消耗、降低废弃物排放和促进资源的循环再利用，推动经济向可持续发展转型。对于中国这样一个资源消耗和废弃物处理压力巨大的国家，循环经济的推广能显著助力“无废城市”目标的实现。

在资源管理方面，循环经济通过推动资源的高效利用和闭环生产，减少城市中的垃圾产生量。传统经济模式下，资源被开采、加工、使用后往往变成废弃物，造成大量的资源浪费和环境污染。而在循环经济框架下，废弃物被视为一种资源，能够通过回收、再制造和再利用等方式重新进入生产流程。城市中的废弃物，如塑料、金属、纸张等，都可以通过回收系统被重新利用，减少了垃圾填埋和焚烧的需求。这不仅有效减少了垃圾总量，也避免了资源的进一步浪费，为“无废城市”目标的实现提供了基础。

在垃圾分类和处理方面，循环经济推动了城市垃圾管理模式的创新。通过实施垃圾分类和提高居民的环保意识，城市可以将有用的废弃物分离出来，进行再生利用。对于无法再利用的废弃物，循环经济还鼓励采用更加环保的处理方式，如生物降解和资源化处理。这些措施减少了垃圾填埋场的占地面积和处理成本，避免了有害物质的污染，同时提升了资源的再利用率。

在产业结构转型方面，循环经济还鼓励发展绿色产业和可持续生产模式。通过推动企业采用节能、节水、低碳和低排放的生产技术，减少资源的消耗和废弃物的产生，城市的整体环境质量得以提升。同时，循环经济还促进了废弃物再利用产业的发展，如废旧电子产品回收、废纸再生、废塑料回收等，这些产业不仅创造了新的经济增长点，也减少了对自然资源的依赖，推动了经济与环境的协调发展。

此外，循环经济还能够促进公众参与和社会责任的提升。在“无废城市”建设过程中，政府可以通过政策引导和激励机制，推动企业和居民共同参与资源回收和废弃物处理。企业通过绿色认证和环保标准，不仅能够提高品牌形象，还能获得更多的市场份额。居民通过积极参与垃圾分类和资源回收，不仅改善了自身的生活环境，也为城市的可持续发展贡献了力量。

尽管如此，要实现“无废城市”目标，仍面临不少挑战。首先是社会各层面的参与度不高，垃圾分类和资源回收在一些地区的落实情况仍不理想。其次，废弃物处理和资源再利用的技术仍存在一定的提升空间，部分废弃物的再利用率较低，处理成本较高。最后，循环经济的政策体系和法规建设亟须完善，如何协调各方利益、推进政策落实是实现目标的关键。

总体来说，循环经济通过优化资源利用、促进废弃物回收和减少污染排放，为中国实现“无废城市”目标提供了有效的路径。随着技术的进步、政策的完善和社会的共同努力，循环经济必将为推动城市的可持续发展和实现环境友好型社会做出重要贡献。

054 碳中和目标下，传统制造业如何绿色转型？

在碳中和目标的引领下，传统制造业的绿色转型已经成为全球经济发展的重要议题。制造业作为碳排放的主要来源之一，必须采取有效措施减少碳足迹，推动资源高效利用和生产模式的转型。绿色转型不仅有助于应对气候变化，也为企业带来了新的发展机遇。

传统制造业的绿色转型首先需要在能源结构上进行调整。大量依赖化石能源的生产方式是高碳排放的主要原因。因此，企业应逐步替代传统的煤、石油等高碳能源，转向清洁能源，如太阳能、风能和生物质能等。通过加大绿色能源的投资，利用新能源技术，不仅可以降低碳排放，还能减少对能源市场的依赖，提高企业的长期竞争力。

其次，生产工艺的创新是绿色转型的关键。传统制造工艺往往存在较高的能耗和资源浪费，转型过程中需要采用更加节能、环保的技术和设备。例如，精益生产和数字化制造可以通过优化生产流程，减少不必要的能源消耗和物料浪费。先进的自动化和机器人技术也能提高生产效率，减少人工操作中的能源损耗。此外，绿色设计和材料替代也是重要举措，推广使用可再生资源和低碳材料，有助于减少对环境的负面影响。

废弃物的循环利用和资源的最大化利用是绿色转型中的另一个重要方面。传统制造业往往存在废料堆积和资源浪费的现象。绿色转型的一个目标是通过加强废料回收、再利用和再制造，最大限度地延长资源的使用寿命。无论是工业废料还是生产过程中产生的废弃物，都应通过技术创新和循环经济理念进行有效处理。例如，制造业可以通过物料流分析、能量管理和废物最小化技术减少废弃物排放，降低环境污染。

此外，企业需要推动绿色供应链的建设。绿色转型不仅是企业内部的问题，还涉及整个产业链的协同合作。通过与供应商、客户及其他相关方建立绿色合作伙伴关系，企业可以共同推动绿色生产和低碳供应链的建设。例如，推动原材料的绿色采购，减少运输过程中的碳排放，鼓励产品回收和再利用等，能够全面提高整个供应链的绿色水平。

绿色金融政策也为传统制造业的绿色转型提供了支持。

政府和金融机构通过绿色债券、碳交易和绿色信贷等方式，推动企业的绿色投资和低碳发展。企业可以通过绿色金融工具获得融资支持，用于引进绿色技术和设备，实施清洁能源项目等，从而加快绿色转型的步伐。

尽管绿色转型为传统制造业带来了诸多机会，但仍面临一定的挑战。首先，绿色技术的高成本仍然是许多企业的负担，尤其是中小企业，往往缺乏足够的资金进行技术改造。其次，政策支持的不到位和市场需求的不确定性，也可能影响企业的转型动力。因此，政府应加大政策扶持力度，完善绿色产业政策，提供资金补贴和税收优惠，鼓励企业积极转型。

总之，在碳中和目标的驱动下，传统制造业的绿色转型是必然趋势。通过优化能源结构、创新生产工艺、加强废物利用和推动绿色供应链，制造业不仅能在环保方面取得显著成效，还能提升企业的市场竞争力，实现经济效益与环境效益的双赢。

055　绿色科技创新体系的短板如何补齐？

绿色科技创新体系的建设对于推动绿色经济发展和实现碳中和目标至关重要。然而，当前的绿色科技创新体系在技术研发、产业化应用、政策支持等方面仍存在一定的短板。补齐这些短板，推动绿色科技创新体系的完善，需要从多个方面着手。

一方面，技术研发的投入和支持仍显不足。尽管绿色科技在清洁能源、绿色制造、资源循环利用等领域取得了一些进展，但仍面临技术创新的瓶颈，尤其是在核心技术和关键设备的突破方面。为了填补这一短板，政府和企业应加大研发投入，推动基础科研与应用研究的结合，提升原始创新能力。此外，加强国际合作，引进国外先进的绿色技术，借鉴成熟的经验，也能为国内绿色科技创新提供新的思路和技术支持。

另一方面，绿色科技的产业化和市场化应用进程缓慢。许多绿色技术在实验室阶段取得了积极成果，但在实际应用中往往面临较高的成本、技术不成熟和市场接受度低等问题。为了推动绿色科技的产业化，需要建立更加完善的技术转化机制。政府可以通过政策引导、资金支持和税收优惠，鼓励企业进行技术研发和产品创新，同时推动产学研合作，促进技术从实验室到市场的顺利过渡。

政策支持体系的不健全也是当前绿色科技创新体系的一大短板。尽管政府出台了一系列促进绿色经济的政策，但在绿色科技创新的具体实施上，仍缺乏系统性、长远性的规划。针对这一问题，需要政府制定更加明确和具体的绿色科技创新政策，完善创新激励机制，并为绿色企业提供持续的资金支持。通过加强绿色科技政策的落实，推动政府、企业和社会三方合作，形成合力，推动绿色科技的快速发展。

人才是绿色科技创新体系中的另一个关键要素。当前，绿色科技领域的专业人才相对短缺，尤其是在新兴的绿色产业和技术领域，人才供给远远不能满足需求。为了弥补这一不足，需要加大人才培养力度，完善教育体系和培训机制，培养一批具备创新能力和绿色科技知识的高端人才。此外，通过完善人才引进政策，吸引国内外的优秀科技人才，提升绿色科技创新的整体水平。

绿色金融的支持对于绿色科技创新的推动同样至关重

要。目前，绿色科技项目普遍面临融资难、融资贵的问题。为了破解这一难题，政府和金融机构应加大对绿色创新项目的资金支持，发展绿色金融市场，提供多样化的融资渠道。通过绿色债券、绿色基金等金融工具，吸引更多的社会资本进入绿色科技领域，助力绿色科技创新的加速发展。

总体来说，绿色科技创新体系的短板需要通过加大技术研发投入、完善产业化应用机制、健全政策支持体系、培养绿色科技人才和发展绿色金融等多方面的措施来弥补。只有各方共同努力，才能打造一个高效、可持续的绿色科技创新体系，推动绿色经济的快速发展，为实现碳中和目标奠定坚实的基础。

第六章

绿色经济的社会影响

056　绿色经济如何促进中国社会公平?

绿色经济通过推动可持续发展和环境保护，为中国社会的公平提供了有力支撑。它不仅注重经济增长与环境保护的平衡，也关注资源的公平分配和社会的公平性。在绿色经济的框架下，社会公平通过改善资源配置、创造绿色就业和促进低碳发展等方式得以实现。

绿色经济的核心之一是资源的高效利用和优化配置。这一理念有助于减少资源浪费和环境污染，使得资源能够更加公平地分配到不同的社会群体，尤其是贫困地区和低收入群体。通过推动可再生能源的普及，绿色经济帮助贫困地区和边远地区摆脱对传统化石能源的依赖，为其提供更为清洁、经济和可靠的能源选择。这不仅提高了这些地区的生活质量，还减少了因环境污染带来的健康风险，从而促进了社会公平。

在绿色经济发展过程中，绿色就业的创造也为社会公平提供了保障。随着绿色技术的普及和绿色产业的兴起，新的就业机会不断涌现。新能源、绿色建筑、环保设施建设等领域的工作岗位，为各类技能层次的劳动力提供了广阔的就业空间。尤其是在低收入群体中，绿色经济的发展为他们提供了更多的就业机会，帮助他们提高收入水平，减少贫富差距。

绿色经济的另一个关键特点是推动低碳转型和社会福利的提升。低碳发展通过改善环境质量和减少污染源，为全社会创造了更好的生活环境。空气质量、饮用水源和土壤治理等方面的改善可以惠及所有社会成员，尤其有助于改善弱势群体的生活条件。这种环境福利的普及，能够帮助社会弱势群体获得更公平的生存空间。

绿色金融的推广也为社会公平提供了支持。绿色金融通过为环保项目提供资金支持，能够推动社会各阶层在绿色转型中的共同受益。尤其是小微企业和农村地区，绿色金融帮助他们获得绿色信贷和投资，降低了环保项目的融资门槛，从而确保更多的社会群体能够参与到绿色经济的建设中。

总的来说，绿色经济不仅在经济增长和环境保护上取得了平衡，还通过资源的公平分配、绿色就业的创造、低碳转型的推进以及绿色金融的普及，推动了中国社会的公平与和谐。

057　绿色经济对中国就业市场的影响是什么？

绿色经济对中国就业市场的影响深远且多样。随着绿色转型的加速，新的产业和岗位不断涌现，推动了就业结构的优化和升级。绿色经济不仅带来了新的职业机会，也促进了劳动者技能的提升，并且有助于改善传统行业的就业环境。

绿色经济的快速发展直接推动了与环保、清洁能源、绿色建筑等相关行业的就业增长。新能源、环保技术、绿色建筑和节能减排等行业的兴起，为大量劳动力提供了新的就业机会。特别是在新能源产业，风能、太阳能、氢能等领域的就业岗位逐渐增多。随着绿色建筑和低碳建筑项目的推进，建筑业也向绿色发展转型，相关的设计、施工、监理等岗位需求增大。这些新兴行业的扩展为劳动力市场提供了更多选择，特别是为技能型工人、技术研发人员和管理人才提供了广阔的职业发展空间。

在农业领域，绿色经济推动了生态农业和有机农业的发展，相关的农业技术人才、农产品加工及销售岗位得到了显著增长。这不仅有助于提高农村地区的就业水平，也为农业劳动者提供了更高收入的机会，同时推动了农村经济的绿色转型。

绿色经济还促进了劳动者的技能提升和职业转型。随着环境保护和可持续发展理念的普及，企业对绿色技能的需求增加，许多劳动者需要通过职业培训和再教育提升自身能力，适应新的职业需求。政府和企业的绿色培训项目为劳动者提供了多样化的学习机会，有助于减少因技术更新而带来的失业风险。

然而，绿色经济的转型也带来了一些挑战。一些传统行业，尤其是依赖高污染、高能耗的产业，可能会面临裁员和岗位流失的压力。例如，煤炭、钢铁、化肥等传统能源行业的转型升级，虽然有助于降低对环境的影响，但短期内可能导致这些行业的就业岗位减少。因此，政府需要通过政策和措施，为这些行业的劳动力提供转型机会，帮助他们通过再培训进入绿色产业。

综上所述，绿色经济为中国就业市场带来了新的机遇，促进了新兴绿色产业的就业增长，同时推动了劳动者技能的提升。然而，在转型过程中也需要关注传统产业的就业保护，确保社会公平和就业稳定。

058　绿色经济如何影响中国消费者行为?

绿色经济对中国消费者行为的影响逐渐显现，尤其在环境保护意识提升和绿色消费观念的普及背景下。消费者的购买决策和生活方式正朝着更加环保、可持续的方向转变，这不仅推动了消费者对绿色产品和服务的需求，也促使企业和政府采取更为绿色的生产与营销策略。

随着环境污染和气候变化问题日益严重，越来越多的中国消费者开始关注自身的消费行为对环境的影响。环保理念的普及使得消费者更加倾向于选择低碳、环保和节能的产品。例如，越来越多的人开始选择购买节能家电、绿色建筑材料和有机食品，而对高污染、高能耗的产品需求有所下降。这一变化促使企业加大绿色产品的研发和生产力度，满足消费者的需求，从而推动绿色消费市场的发展。

绿色经济的兴起还推动了消费者在生活方式上的转变。许多消费者开始注重减少资源浪费，支持可持续发展的生产模式。例如，环保包装、可再生能源的使用以及减少一次性塑料制品的消费都成为消费者的关注重点。在出行方面，电动汽车和共享出行方式的普及也反映了绿色消费观念的增长，越来越多的人选择环保交通工具，减少碳足迹。

同时，政府政策的支持为绿色消费提供了更多激励措施。绿色产品的税收优惠、补贴政策和环保标识的推广，帮助消费者更加明确地选择绿色产品。这些政策措施增强了消费者的环保意识，推动他们在日常消费中做出更有利于环境保护的选择。

然而，绿色消费的普及也面临一些挑战。尽管环保意识逐渐增强，但部分消费者仍然受到价格、品牌认知等因素的制约。绿色产品的价格相对较高，且部分消费者对绿色产品的环保属性了解不够，影响了他们的购买决策。此外，绿色消费市场的认证标准和信息透明度也亟待提升，以减少绿色消费中的“绿色洗牌”现象。

总体而言，绿色经济在中国的推进正显著改变消费者行为。消费者对环保产品和服务的需求持续增加，绿色消费成为日常生活的重要组成部分。随着绿色经济政策的不断完善和消费者环保意识的提高，绿色消费趋势将进一步提升，对中国社会的可持续发展产生积极推动作用。

059　绿色经济如何提高公众的环保意识？

绿色经济通过一系列的政策推动、教育普及和市场引导，有效提高了公众的环保意识。随着社会对环境问题关注度的提升，绿色经济不仅促进了可持续发展的实践，还在更广泛的层面上塑造了人们的环保行为和价值观。

政策层面的支持是推动环保意识提升的关键。政府通过制定绿色经济相关法律法规、推动环保标准和倡导绿色消费，为公众树立了环保的重要性。例如，政府出台的污染排放标准、绿色税收激励措施和环境友好型产业的支持政策，增强了公众对环境保护的认同感和责任感。这些政策不仅规定了企业的环保义务，也鼓励了公众对绿色产品的偏好，推动了社会对绿色消费的普及。

绿色经济的推广使企业在生产、营销和创新中更注重环保因素。在市场竞争中，企业越来越重视绿色产品的开发，以满足消费者对环保的需求。这种趋势促使消费者在购买决策时，更多考虑产品的环保性，如是否符合绿色认证、是否节能减排等，从而逐步养成绿色消费习惯。企业和市场的绿色化，反过来加强了公众对环保的认知和参与。

绿色经济还通过教育和信息传播不断提升公众的环保意识。学校、社区和媒体等平台积极开展环保宣传，普及绿色理念。通过各类环保活动、公益广告、绿色讲座等形式，公众的环境保护意识得到有效提升。尤其是通过绿色经济的相关教育项目，青少年和学生群体的环保意识得到了更为系统的培养，他们的绿色行动将影响到未来社会的可持续发展。

数字技术和社交媒体在绿色经济中的作用也不可忽视。通过互联网平台和社交媒体，环保信息能够迅速传播到更广泛的受众群体。绿色经济相关的信息、成功案例和环保产品的推广，增强了公众参与环保活动的积极性，激发了他们的环保行动。这种信息化传播，使环保意识在社会各阶层之间得到了更为均等的普及。

总的来说，绿色经济通过政策引导、市场驱动、教育普及和信息传播等多重途径，促进了环保意识的提高。公众的环保行为逐步融入日常生活，绿色经济的深入发展为构建可持续的社会环境奠定了坚实的基础。

060　如何通过教育推动绿色经济理念的普及？

教育在推动绿色经济理念普及方面发挥着至关重要的作用。通过不同层次、不同领域的教育，绿色经济理念能够深入人心，促使社会各界认识到环保、可持续发展和资源节约的重要性。

学校教育是绿色经济理念普及的基础。基础教育阶段，环保知识的引入能够帮助学生从小树立绿色意识。通过课程设置、课外活动和实践项目，学生能够了解绿色经济的基本概念，如绿色能源、节能减排、可再生资源等。此外，学校还可以通过环保实践活动，鼓励学生积极参与环保行动，例如垃圾分类、植树活动以及参与节能减排项目。通过这些具体的实践，学生不仅学到了绿色经济的相关知识，还增强了实践操作能力，形成绿色生活方式。

高等教育层面，大学和职业院校可以通过设立绿色经济相关专业、开设绿色经济课程，培养具有绿色经济理念的专业人才。例如，环境科学、可持续发展、绿色金融等课程的开设，能够帮助学生深入理解绿色经济背后的经济理论与实际应用，增强其将来在职场上推动绿色经济实践的能力。绿色经济相关的学术研究也能够为政策制定者、企业家和决策者提供宝贵的理论支持和实践经验。

职业培训和继续教育对于成人群体来说同样重要。许多企业和组织开始重视员工的绿色经济培训，通过提供绿色管理、绿色技术、绿色营销等方面的知识，帮助员工理解绿色经济的商业价值和社会意义。这种培训不仅能提升企业的绿色竞争力，还能提高员工的环保意识，使其能够在工作中自觉地践行绿色经济原则。

公众教育也不可忽视。通过媒体、公益广告、环保讲座等途径，绿色经济理念能够快速传播到全社会。互联网和社交媒体的普及为绿色经济知识的传播提供了新的平台。各种线上线下的环保活动、绿色品牌宣传以及政府和非政府组织的环保倡导，能够吸引更多公众关注绿色经济，逐步改变其消费习惯和生活方式。

教育不仅能传播知识，更可以塑造价值观。通过各层次、各领域的教育系统，绿色经济理念能够逐渐渗透到社会的各个角落，推动全社会形成可持续发展的共识，最终实现绿色经济的普及和实践。

061　绿色文化在中国的推广渠道如何？

绿色文化在中国的推广渠道多样，涵盖了教育、媒体、政府政策和社会组织等多个方面。这些渠道共同作用，有效推动了绿色文化理念的普及，增强了公众的环保意识和行动力。

教育系统是绿色文化推广的重要渠道。学校教育不仅可以通过课程设计引导学生树立绿色环保的理念，还能通过各种活动和项目培养学生的实践能力。例如，学校可以组织环境保护日、绿色校园建设等活动，增强学生的环保意识。同时，越来越多的高等院校和职业培训机构开设了绿色经济、可持续发展等相关课程，培养未来的环保人才，为绿色文化的持续发展奠定基础。

媒体在绿色文化推广中起到了重要的桥梁作用。传统媒体如电视、广播和报纸，以及新兴的互联网平台和社交媒体，成为绿色文化传播的主力军。通过新闻报道、专题节目、环保广告和公益活动，公众能够获得有关环境保护、绿色生活和可持续发展的信息。例如，网络平台上关于绿色消费、绿色技术创新、生态保护的讨论，激发了更多人参与绿色行动的兴趣。

政府政策的引导也推动了绿色文化的普及。政府通过立法、制定环保政策和开展绿色公益活动，推动社会各界关注环境问题。环保法律和标准的制定，为绿色文化的推广提供了政策支持和行为规范。而通过政府主办或支持的环保宣传活动，能够引导公众树立环保意识，形成绿色行为习惯。此外，地方政府还通过绿色社区建设、绿色城市规划等项目，将绿色文化理念融入社会生活的各个方面。

社会组织和非政府组织（NGO）在绿色文化的推广中扮演着积极的角色。许多环保组织通过组织环保活动、志愿者服务和公益项目，向公众传递绿色生活方式和可持续发展理念。通过这些组织的努力，更多的人开始意识到环境保护的重要性，并积极参与到社会环保行动中。此外，社会组织还通过跨界合作与企业联合，推动绿色技术和绿色产品的普及，形成了绿色文化传播的良性循环。

总体来说，绿色文化的推广渠道通过多方力量的合作和共同努力，逐步渗透到中国社会的各个层面。教育、媒体、政府和社会组织等渠道的有机结合，为绿色文化的普及提供了坚实的基础。随着绿色文化理念的深入人心，更多公众将践行绿色生活，推动社会的可持续发展。

062　如何增强中国老百姓对绿色经济的认知？

增强中国老百姓对绿色经济的认知，关键在于通过多层次、多渠道的宣传教育，使环保理念和绿色经济的实际利益深入人心。改变公众的认知方式，不仅需要政策的引导，还需社会各界的共同努力。

在政策层面，政府应通过制定和实施相关法规，明确绿色经济的意义和目标。通过环保税收、绿色金融政策、绿色补贴等手段，推动社会各界了解绿色经济的实际利益。政策的透明度和公众的参与感有助于提高老百姓对绿色经济的认同。例如，绿色认证、环保税收优惠等措施的普及，能够让大众看到绿色经济对个人生活和社会发展的实际好处。

教育是提升公众绿色经济认知的基础。通过学校教育、成人教育和社会培训等多种方式，普及绿色经济的知识。学校教育可将环保和可持续发展的理念纳入课程内容，从小培养学生的绿色意识。在成人教育方面，举办公开讲座、培训班和在线课程等，向广大市民普及绿色经济的概念和实操方式。此外，环保公益活动和志愿者项目也能加强对公众的环保意识提升，让他们在实践中逐步理解绿色经济的重要性。

媒体在绿色经济认知提升中起到了至关重要的作用。传统媒体如电视、广播和报纸，以及新兴媒体平台，可以通过新闻报道、专题节目和社交平台传播绿色经济的概念和实践案例。通过典型案例的报道，向公众展示绿色经济在各行业中的应用，尤其是绿色技术、绿色建筑、清洁能源等具体案例，让老百姓看到绿色经济的实际成果，感受到绿色转型的生活便利和经济效益。

社区和社会组织也是普及绿色经济的有效途径。社区可以通过组织环保活动、节能减排竞赛和绿色生活日等活动，推动市民参与到绿色经济实践中。这些活动不仅能让老百姓感受到绿色经济带来的改变，还能激发他们参与绿色行动的热情。此外，非政府组织和环保团体通过走进社区和企业开展环保宣讲、组织志愿者活动，也能帮助提升公众对绿色经济的理解和支持。

通过多方协作与创新方式，增强公众对绿色经济的认知，将为中国实现可持续发展目标奠定更加坚实的基础。

063 绿色消费对中国社会的长期影响是什么？

绿色消费对中国社会的长期影响将体现于环境、经济和社会层面。随着消费者环保意识的提升，绿色消费逐渐成为主流趋势，这不仅改变了市场需求，还推动了可持续发展。

在环境层面，绿色消费有助于减少资源浪费和污染排放。消费者更倾向于购买节能、环保的产品，这迫使企业转型并加大绿色技术的研发投入。随着更多环保产品的出现，企业将被激励采取更为清洁的生产方式，减少对自然资源的过度开发和利用。此外，消费者的绿色选择能够直接影响生产链条的绿色化进程，从而推动整个社会在节能减排方面取得更大进展。

经济层面，绿色消费促进了产业结构的优化。随着市场对绿色产品需求的增加，相关行业，如新能源、环保技术、绿色建筑和电动汽车等，获得了快速发展。绿色消费不仅推动了新兴产业的崛起，还带动了旧有产业的绿色转型。这种转型不仅有助于经济结构的升级，还能创造更多绿色就业机会，推动经济向可持续发展迈进。

社会层面，绿色消费促进了公众环保意识的提升，并推动了社会文化的转型。越来越多的消费者开始关注产品的生产过程、原材料来源及其对环境的影响，绿色消费逐渐成为一种生活方式。这种文化变革激发了社会各阶层的环保行动，推动社会责任感的增强。企业不仅要提供符合消费者需求的绿色产品，还需加强环保公益活动的参与，形成绿色经济发展的良性循环。

长期来看，绿色消费将成为社会发展的驱动力，促使中国社会朝着更加环保、低碳和可持续的方向前进。随着绿色消费理念的深入人心，社会对资源节约和环境保护的重视将更为深刻，这将为实现中国绿色经济目标奠定坚实基础。

064 如何通过政策促进社会对绿色经济的支持?

通过政策促进社会对绿色经济的支持，需要在多个层面上进行引导和激励。政策能够为绿色经济的发展创造有利的法律、税收和市场环境，推动社会各界的积极参与。

在法律和法规层面，政府应出台明确的环保标准和绿色经济相关的法律法规。例如，制定严格的排放标准、资源利用效率要求，促使企业提高生产过程中的环保意识。同时，政策应鼓励绿色创新，通过知识产权保护等措施，激励企业研发低碳、环保的技术和产品。制定相关法规还能够建立起绿色生产的行业规范，使得绿色经济在各行业中得以全面实施。

税收政策是推动绿色经济的重要工具。通过绿色税收激励措施，如对绿色产品减税或免税、对污染企业征收环保税，政府可以引导消费者和企业倾向于绿色消费和绿色生产。对新能源、环保技术等领域提供财政补贴和税收优惠，有助于降低绿色产业的成本，推动其快速发展。这不仅有助于市场需求的增长，还能够促进绿色技术的普及应用。

政府还应通过设立绿色金融支持绿色经济。发展绿色债券、绿色基金等金融工具，吸引社会资本流入绿色产业。通过绿色金融的引导，提供低息贷款、投资补贴等资金支持，使企业能够更容易承担绿色技术改造和可持续项目的投资。此外，绿色金融的规范化发展能够为投资者提供清晰的绿色标准，帮助他们在项目选择时更加注重环保和可持续性。

总的来说，政策的支持可以从法律、税收、金融等多方面入手，形成多层次的政策体系，引导全社会从个人到企业再到政府，积极参与到绿色经济的建设中来。

065 绿色经济如何提升人民生活质量?

绿色经济通过促进环境保护、可持续发展和社会公平，显著提升了人民生活质量。环保和资源节约的理念不仅改善了生态环境，还为居民提供了更健康的生活条件。

在环境保护方面，绿色经济通过减少污染、降低温室气体排放，改善了空气质量和水资源管理。清洁能源的使用替代了传统的煤炭和石油，减少了工业和交通对环境的污染。空气和水质的改善直接提升了居民的身体健康，减少了因污染引发的疾病，从而提高了人们的生活质量。

绿色经济推动可持续的生产和消费模式，有助于保障自然资源的长期供应。随着资源的合理利用和废弃物的回收再利用，减少了对自然资源的过度开采。此举不仅有利于维护生态平衡，也确保了未来几代人的资源需求不被耗尽。绿色消费的普及让消费者能够享受到更多环保、健康的产品，改善了生活品质。

经济层面，绿色经济的增长推动了新的就业机会的出现，特别是在新能源、环保技术、绿色建筑等领域。这些新兴产业为劳动者提供了多样化的就业岗位，提高了人们的收入水平，促进了社会经济的均衡发展。绿色经济的扩展使得欠发达地区也能通过绿色产业实现经济增长，从而促进社会的整体繁荣。

绿色经济通过提升社会的整体环境质量和经济效益，进一步促进了社会公平。政策和技术创新支持欠发达地区的绿色发展，减少了城乡差距和地区不平衡。通过推广绿色产业，政府能够为弱势群体提供更多的社会保障和支持，确保全体公民在绿色转型中都能受益。

通过这些措施，绿色经济不仅改善了人们的生活环境，保障了健康，还为经济和社会发展带来了可持续性，提升了全社会的生活质量。

第七章

绿色经济制度发展

066　中国东部地区在绿色经济方面的优势和挑战是什么？

中国东部地区拥有优越的经济基础和较高的产业化水平，成为国家经济的引擎。该地区集中了大量的先进制造业、金融服务和高技术产业，这些行业能够为绿色经济的发展提供技术和资金支持。东部地区的城市基础设施建设完善，交通、能源和通信等方面的绿色改造和升级条件较为成熟，为绿色产业的推广提供了良好的条件。此外，东部地区政府在推动绿色发展方面积累了较多的经验，相关政策支持力度较大，有助于推动绿色经济的转型。

绿色技术创新在东部地区尤为活跃，许多领先的绿色技术公司和科研机构都位于这一地区。比如，在新能源、环保、绿色建筑等领域，东部地区的企业具有较强的研发和生产能力，技术水平不断提升。这使得东部地区在绿色经济转型中占据了领先地位，并能够为全国其他地区提供示范和经验。

然而，东部地区也面临一定的挑战。首先，虽然该地区经济发达，但传统的高污染、高能耗行业依然占据较大比重。尤其是钢铁、水泥、化工等重工业的绿色转型需要较大投资和技术突破，短期内难以完全实现低碳化、环保化。其次，东部地区的城市化进程快速，人口密集，资源需求巨大，导致环境压力加大。特别是在一些大城市，交通拥堵、空气污染等问题仍然突出，绿色发展面临一定的瓶颈。

此外，东部地区的绿色发展尚未完全覆盖到所有领域。尽管大多数城市在绿色建筑、清洁能源等方面取得了进展，但部分地区在农业、工业和生活废弃物的处理方面仍然滞后。如何平衡经济增长与环境保护之间的关系，避免过度开发和资源浪费，依然是东部地区面临的重大挑战。

067 中西部地区如何推动绿色经济发展？

中西部地区在推动绿色经济发展方面，具备独特的机遇和挑战。相较于东部地区，中西部拥有丰富的自然资源和广阔的土地，但在经济结构和绿色转型上仍有较大差距。因此，如何合理利用这些优势，弥补短板，推动绿色经济的可持续发展，是该地区发展的关键。

中西部地区资源丰富，尤其在煤炭、矿产、风能、太阳能等领域具有得天独厚的优势。通过合理开发这些资源，推广清洁能源和绿色技术，能够在保持经济增长的同时，减少对环境的负担。尤其是风能和太阳能资源丰富的地区，可以加大绿色能源产业的投资，发展风电、光伏产业，推动能源结构转型，减少对传统化石能源的依赖。此外，随着国家对绿色经济政策的支持，中西部地区的绿色能源项目已经获得越来越多的资金和技术支持，为绿色产业的发展奠定了基础。

农业在中西部经济中占有重要地位，绿色农业的发展潜力巨大。通过推广节水灌溉、循环农业、生态种植等绿色农业技术，不仅能提高农业生产效率，减少环境污染，还能促进土地的可持续利用。随着生态农业和有机农业的逐步推广，中西部地区可以成为全国绿色农产品的重要生产基地，这不仅能够促进农民增收，还能推动农村经济的绿色转型。

在工业方面，尽管中西部地区的传统重工业占比较高，但随着政策导向的变化，绿色制造业逐渐成为新的增长点。鼓励传统工业向低碳、高效、环保的方向转型，推动绿色技术的引进和应用，将有助于减少污染排放，提升产业的竞争力。此外，加强绿色基础设施建设，如绿色建筑、节能环保设施，也能为该地区经济提供可持续发展动力。

然而，中西部地区的绿色经济发展也面临一些挑战。首先，资金和技术的缺乏是制约绿色经济发展的一个主要问题。尽管国家和地方政府出台了多项扶持政策，但资金的投入和技术的落地仍然不足。其次，地方政府的绿色发展意识和能力参差不齐，部分地区在推进绿色经济时仍存在短期利益驱动，缺乏长远的规划和系统的执行力。最后，基础设施和市场机制的建设相对滞后，绿色产业的市场化程度较低，制约了绿色经济的快速发展。

为推动中西部地区的绿色经济发展，政府可以加强政策引导和资金支持，鼓励绿色技术创新，加快生态文明建设的步伐。同时，要促进产学研合作，提升地区绿色产业的技术水平，打造绿色产业链，形成集绿色能源、绿色农业、绿色制造业为一体的绿色经济发展格局。通过合理规划和长远布局，能够确保中西部地区在绿色经济转型过程中实现可持续发展。

068 中国在绿色经济方面的区域协调如何推进?

中国在绿色经济发展中，区域协调至关重要。不同地区在资源禀赋、产业结构、经济发展水平等方面存在差异，因此，推进绿色经济的区域协调需要因地制宜，协调资源、政策与技术等多方面的要素，以实现全域、全面的绿色转型。

东部地区的绿色经济发展较为先进，拥有较为完善的技术创新体系和资金支持，这为其他地区提供了示范效应。东部地区通过绿色技术创新、可持续产业投资等手段，为全国提供了绿色经济发展的经验。然而，区域协调要求不仅要让东部地区在技术、资金和市场等方面进一步发挥优势，还需注重将绿色技术和绿色经济模式推广到中西部地区，弥补区域之间的差距。通过区域间的协作，东部地区可以为中西部提供技术支持和经验交流，帮助后者加速绿色产业的转型。

中西部地区的绿色经济发展面临的最大挑战是产业结

构较为单一，传统重工业占比高。要实现绿色转型，这些地区需要借助外部支持，通过政策引导和资金投入，推动绿色产业的落地。政府可以通过设立绿色基金、鼓励绿色项目投资等方式，支持中西部绿色经济的崛起。同时，可以鼓励东部和中西部地区之间的产业链协作，将东部的绿色技术和中西部的资源优势结合起来，推动绿色能源、生态农业等绿色产业的协同发展。

在政策层面，区域协调需要统一绿色经济发展的目标和标准，避免因地方差异而导致的政策冲突或不一致。各地政府应加强绿色经济的政策协调，落实中央政府绿色发展的战略部署。通过共同制定绿色产业发展规划、统一排放标准、共享绿色技术，推动跨区域的绿色经济合作。

绿色基础设施建设也是区域协调中的重要组成部分。东部地区可以通过市场化手段，引导资金和技术支持中西部的基础设施建设，如绿色建筑、绿色交通、环保设施等。通过区域间的绿色基础设施联通，提升整个国家绿色经济的协同性和效率。此外，加强区域之间的绿色产业链对接和市场一体化，能够促进各地绿色产品的流通和技术的共享，进一步提高绿色经济的整体发展水平。

中国的绿色经济发展不仅仅是个别地区的任务，而是整个国家共同推进的目标。各地区应根据自身特点，协同发力，推动绿色技术、绿色产业、绿色政策的全面落实。在国家政策引导和地区合作的基础上，通过区域间的协调，最终实现绿色经济的均衡发展和全面转型。

069 绿色经济如何促进欠发达地区可持续发展？

绿色经济为欠发达地区的可持续发展提供了新的机遇。通过推动绿色产业的布局与发展，欠发达地区能够改善资源利用效率，保护生态环境，创造就业机会，从而实现经济与环境的双赢。

欠发达地区往往面临资源贫乏和经济基础薄弱的挑战。绿色经济的核心理念强调资源的节约和高效利用，这为欠发达地区提供了摆脱传统资源依赖的机会。比如，欠发达地区可以通过发展绿色能源产业，利用当地丰富的太阳能、风能或水能资源，促进能源自主供给，减少对传统能源的依赖，从而降低能源成本，推动经济发展。太阳能和风能项目不仅能够提供可持续的能源，还能带动当地相关产业的发展，如设备制造、安装和维护等。

绿色农业是欠发达地区推动绿色经济的另一个重要途径。传统农业往往存在过度依赖化肥和农药的问题，导致土壤退化和环境污染。通过引导欠发达地区发展有机农业、生态农业和循环农业，可以提高土壤肥力，减少农业污染，保障农业的可持续发展。同时，绿色农业模式还能提高农民收入，推动农村经济发展，改善欠发达地区的生活条件。

在生态旅游方面，欠发达地区的自然资源往往富集，这为绿色经济提供了良好的发展基础。通过保护自然生态环境，发展生态旅游，可以吸引外来游客，促进当地经济增长。生态旅游不仅能带动住宿、餐饮、交通等相关产业发展，还能够提高欠发达地区的知名度，吸引外部投资，推动地方经济转型。

此外，绿色产业能够创造大量的就业机会，尤其是低技能工人和农村劳动力的就业。绿色产业往往具有较强的劳动力密集性，如清洁能源的建设、绿色农业的推广、生态旅游的开发等，都能够为欠发达地区提供可持续的就业机会。欠发达地区居民可以通过参与这些绿色产业，提高收入水平和生活质量。

通过绿色经济的推动，欠发达地区能够实现经济转型，突破传统资源型经济的局限，走上可持续发展的道路。在改善生态环境的同时，也为欠发达地区的人民创造了更多的发展机会，实现了经济、社会与环境的和谐共生。

070　中国城乡一体化进程中如何促进绿色经济?

中国的城乡一体化进程为绿色经济的发展提供了独特的机遇和挑战。通过推动城乡资源的共享与协调，可以在保障环境可持续的同时，促进城乡经济的共同发展。

城乡一体化意味着城市和农村在经济、社会和环境等方面的融合。绿色经济的核心理念正是通过可持续的资源利用和环境保护，实现经济发展与环境协调并进。在这一进程中，推动绿色经济不仅能够提升城乡的整体发展水平，还能有效解决城乡发展不平衡、资源过度消耗等问题。

城市与农村在资源禀赋、产业结构和消费模式等方面存在较大差异。绿色经济可以通过调整产业结构，推动农村向生态农业、绿色能源等绿色产业转型。城市可以为农村提供技术、资金和市场，帮助农村发展清洁能源、绿色农业和生态旅游等产业，减少对自然资源的消耗，提高生产效率和收入水平。同时，城市化过程中需要关注土地资源的合理利用与环境保护，避免过度开发和资源浪费，推动低碳建筑、绿色交通等绿色基础设施的建设。

在绿色交通方面，城乡一体化进程为推广绿色出行提供了契机。通过加强城市与乡村之间的交通联系，建设绿色出行系统，推动新能源汽车的普及和充电基础设施建设，可以减少城乡交通对环境的负面影响。此外，绿色物流体系的构建有助于提升城乡之间的货物流通效率，降低能源消耗和碳排放。

城乡一体化进程中的绿色经济推动，离不开政府的政策支持。政府可以通过加大绿色产业的投资，鼓励绿色技术创新，制定有利的税收政策和补贴政策，支持绿色农业、清洁能源等领域的发展。同时，政策应注重区域协调，因地制宜推动不同地区的绿色发展，避免由于城乡发展不平衡而产生新的生态问题。

此外，城乡居民的绿色消费意识也应得到提升。通过加强环保教育和绿色消费的宣传，鼓励城乡居民选择低碳、环保的消费品和生活方式，可以推动绿色经济在城乡之间的普及。政府可以通过补贴政策、税收优惠等措施，鼓励农村地区的居民选择绿色产品，从而促进绿色经济的全面发展。

通过城乡一体化进程，中国可以实现城乡绿色经济的深度融合。绿色经济不仅能够提高农村的生产力，促进环境保护，还能为城市的可持续发展提供动力。在政策、技术和市场的多重支持下，绿色经济将在中国城乡一体化进程中发挥重要作用，推动社会经济的全面绿色转型。

071　如何在城市化进程中推进绿色经济？

在城市化进程中推进绿色经济至关重要，它不仅能有效应对环境压力，还能促进可持续发展的经济增长。随着城市化速度的加快，资源消耗、污染排放等问题日益突出，绿色经济为解决这些问题提供了有效途径。

在绿色建筑领域，推广节能环保建筑是城市化过程中一个关键的切入点。通过强化建筑设计、施工与运营环节的环保要求，推动绿色建筑材料和技术的应用，不仅能减少能源消耗，还能提升城市的环境质量。绿色建筑的普及能够降低建筑能耗和碳排放，为城市居民提供更加舒适的生活环境。

交通系统的绿色转型是另一个重要方向。随着城市化进程的加速，交通拥堵和污染问题愈加严重。发展绿色交通，包括新能源汽车的普及、公共交通系统的优化和低碳出行方式的推广，能够有效减少交通领域的能源消耗和污染排放。城市在规划时应考虑到步行、骑行等低碳出行方式，打造绿色交通网络，鼓励共享出行，减少私家车的使用，从而提升城市的可持续发展水平。

在工业方面，城市化带来了大量的生产活动，传统工业模式对环境的污染和资源消耗非常严重。推动绿色产业转型升级，支持清洁生产和循环经济，是城市化进程中推动绿色经济的重要措施。城市应鼓励企业采用绿色技术和绿色生产工艺，减少废气、废水和固废排放，同时提升资源的回收利用率，形成资源节约型的产业结构。

此外，城市的能源供应也需要转向清洁和可再生能源。加快太阳能、风能等可再生能源的开发和利用，提高能源使用的效率，推动城市能源结构的优化，是推进绿色经济的基础。城市在基础设施建设中可以加强对能源智能化管理的应用，例如智能电网和能源存储系统，提升能源利用效率，减少对传统能源的依赖。

绿色经济的推进还需要政策的引导和社会的参与。政府应制定相应的绿色政策和法规，提供税收优惠、绿色金融支持等，鼓励企业和居民转向绿色经济模式。推动绿色消费，提升公众的环保意识，让更多人选择低碳、环保的产品和服务，也对绿色经济的发展至关重要。

通过绿色经济的推动，城市不仅能够改善环境质量，还能实现经济结构的优化升级。绿色经济为城市化进程注入了新的活力，使城市在追求经济增长的同时，兼顾生态环境保护，促进社会、经济、环境的协调发展。

072　绿色经济如何助力中国边远地区发展？

绿色经济在中国边远地区的发展中扮演着重要角色。边远地区由于地理位置、基础设施建设和经济条件的限制，长期面临着资源短缺、环境退化和经济发展滞后的问题。推动绿色经济不仅能够有效解决这些问题，还能为边远地区带来可持续的经济增长。

绿色农业是边远地区发展的关键路径之一。许多边远地区土地资源丰富，但面临着传统农业生产方式带来的生态环境压力。推广生态农业、绿色种植和有机农业，不仅能够提高农产品的质量和市场竞争力，还能减少化肥和农药的使用，改善土壤质量，提升农业的可持续性。绿色农业可以帮助边远地区农民提高收入，同时保护和恢复生态环境，形成良性循环。

绿色能源的推广也为边远地区提供了新的发展机遇。由于一些边远地区缺乏稳定的能源供应，传统能源的利用往往受到制约。发展太阳能、风能等可再生能源，不仅能够解决这些地区的能源短缺问题，还能避免过度依赖煤炭等传统能源，减少环境污染。通过建立分布式能源系统，边远地区可以实现能源的自主供应，同时推动绿色能源产业的发展，为地方经济注入新的活力。

旅游业是边远地区另一个绿色经济的重要领域。许多边远地区自然资源丰富，具有独特的生态景观和文化资源，发展绿色旅游能够有效促进地方经济发展。通过打造生态友好型旅游产品，推动绿色旅游产业，既能保护自然资源，又能带动当地就业和提升收入。在旅游业的绿色转型中，可以通过引导游客选择低碳交通工具、推广环保住宿设施和生态旅游活动，降低旅游业对环境的负面影响。

在工业领域，边远地区的绿色转型同样至关重要。许多边远地区传统产业较为单一，且对环境产生较大压力。通过引导地方政府和企业转向绿色产业，推动清洁生产和循环经济，可以减少资源浪费，提升产业竞争力。比如，发展绿色矿业、清洁能源、绿色建材等产业，不仅能够促进产业升级，还能帮助这些地区实现经济可持续发展。

政府政策的支持对边远地区绿色经济的推进至关重要。政府可以通过财政补贴、税收优惠、绿色金融等政策手段，鼓励地方政府和企业积极参与绿色经济的建设。同时，通过加大基础设施建设投入，改善交通、通信等硬件条件，为绿色经济的发展提供支持。加强环保意识的培养和绿色技术的引导，确保绿色经济在边远地区扎实推进。

通过绿色经济的助力，边远地区不仅能改善经济发展模式，还能有效保护和恢复自然环境，实现生态与经济的双赢。绿色经济为边远地区提供了可持续的经济发展路径，推动这些地区在实现共同富裕和可持续发展的过程中迈出重要一步。

073 各地如何结合地方特色发展绿色产业?

各地在推动绿色产业发展时，结合地方特色能够有效提升产业的可持续性和竞争力。根据不同的自然资源、产业基础和发展需求，各地可以通过因地制宜的方式推动绿色经济，实现经济发展与生态环境的双赢。

在资源丰富的地区，绿色产业的发展可以依托当地的自然资源优势。例如，沿海地区可以大力发展海洋能源、海洋生态旅游等产业。通过开发海上风电、海洋潮汐能源等清洁能源，既能够为地区提供稳定的能源供应，又能够促进生态保护与可持续发展。同时，海洋生态旅游的推广，能够吸引游客，推动当地经济增长，并且避免过度开发带来的环境破坏。

对于内陆地区，尤其是农业为主的地区，可以依托绿色农业发展。例如，西部和北部的广袤土地可以利用生态农业和有机农业提升农产品的市场竞争力。通过推广节水灌溉技术、生态种植模式以及绿色食品的认证，提升农产品附加值，增加农民收入。绿色农业不仅能促进农业现代化，还能改善土壤质量和水资源管理，增强生态系统的可持续性。

在中部地区，可以结合本地的制造业优势推动绿色转型。例如，发展绿色建筑材料、绿色家电等产业，通过绿色设计、清洁生产、资源回收等手段，减少对环境的负担，同时提升产业竞争力。中部地区大多具有较强的工业基础，推动工业绿色化既能够提升企业的技术水平，又能符合全球绿色发展的趋势。

文化底蕴深厚的地区可以结合文化旅游发展绿色产业。许多地方具有丰富的文化遗产和自然景观，推动绿色旅游业能够在保护生态环境的前提下，发展地方经济。通过提倡低碳旅游、推广环保住宿和绿色交通工具，能够减少旅游业对环境的负面影响。同时，绿色旅游有助于提升当地的文化软实力，吸引更多游客，促进地方就业和收入增长。

此外，各地还应根据当地的特色资源发展绿色制造业。例如，一些地方拥有丰富的矿产资源，可以发展绿色矿业和绿色冶金，通过引入清洁生产技术和资源循环利用，实现环境保护和资源高效利用。其他地区可以根据当地的工业基础和市场需求，发展绿色科技产业，推动高技术绿色产业的创新和升级。

074 如何通过绿色经济促进乡村振兴?

绿色经济在乡村振兴中具有重要作用，它能够促进乡村经济发展、改善生态环境、提升农民生活水平，实现可持续的全面振兴。通过绿色产业的引导和支持，可以在乡村推动绿色农业、绿色能源、绿色旅游等多元化发展，进而推动农村经济的绿色转型。

绿色农业是乡村振兴的关键。传统农业生产往往对环境造成较大压力，过度使用化肥、农药导致土壤退化和水污染。通过推广有机农业、生态农业等绿色农业模式，能够减少化学品使用，提升农产品的质量和附加值。利用现代科技手段，比如智能化农业设备和精准化农业技术，提高农田的生产效率和可持续性。此外，绿色农业有助于土壤和水资源的长期保护，提高农业的生态效益，从而促进乡村环境的改善。

绿色能源的推广对乡村振兴也起到至关重要的作用。农村地区普遍面临能源结构不合理、能源供应不稳定的问题。通过发展风能、太阳能、生物质能等可再生能源，能够为农村提供清洁能源，减少对传统煤炭和石油的依赖。这不仅改善了农村的能源供应，降低了温室气体排放，还为农民创造了新的收入来源。例如，农民可以通过安装太阳能板或建设生物质发电设施，直接参与清洁能源的生产与销售，提升经济收入。

绿色旅游作为乡村振兴的重要组成部分，能够吸引大量游客，促进当地的经济发展。乡村地区通常拥有丰富的自然景观和文化资源，借助绿色旅游的推动，可以将这些资源转化为经济价值。绿色旅游提倡低碳、环保的旅游方式，例如，提倡生态旅游、农家乐、乡村民宿等，减少对自然环境的破坏，提升游客的环保意识。通过发展绿色旅游，不仅能够为当地农民提供就业机会，还能提升乡村文化自信，保护和传承传统文化。

生态建设在乡村振兴中也扮演着重要角色。加强生态环境保护、推进乡村绿化，改善农村的生活环境，提升农民的幸福感。通过实施水土保持、植树造林、湿地保护等措施，能够有效防止水土流失，改善农村的生态环境，增强农业的可持续发展能力。

此外，绿色金融的支持也能加速乡村振兴。通过绿色贷款、绿色债券等金融产品，引导社会资本进入绿色产业，尤其是绿色农业和清洁能源项目，提供资金支持。政府可以出台相应政策，为绿色项目提供税收减免、财政补贴等优惠措施，进一步推动绿色经济的落地实施。

绿色经济推动乡村振兴的过程中，需要地方政府的政策引导、企业的技术支持和农民的积极参与。通过培育绿色产业，推动生态保护，强化绿色技术的推广，可以实现乡村经济的可持续增长，并促进生态环境的长期改善，从而为乡村振兴提供坚实的基础。

075 绿色经济在长江经济带的应用与挑战是什么？

绿色经济在长江经济带的应用面临许多机遇与挑战。作为中国经济的重要支撑区，长江经济带涵盖了长江流域的多个省市，拥有丰富的资源和独特的地理优势。绿色经济的推动旨在实现经济增长与环境保护的双赢，推动区域的可持续发展。

绿色经济在长江经济带的应用主要体现在绿色产业的发展、生态保护和绿色科技创新等方面。随着国家对生态文明建设的重视，长江经济带各地逐步推动绿色制造、绿色能源和绿色交通等产业。绿色制造的推广使得传统高污染、高能耗产业逐步向低碳、环保方向转型。比如，江苏、浙江等地积极推动新能源产业和智能制造业，通过技术创新减少生产过程中的资源消耗和废物排放。绿色能源方面，长江经济带沿线省市加强了太阳能、风能和水能等可再生能源的开发，提升了能源结构的绿色化比例。

生态保护是绿色经济的另一个重要应用领域。长江流域是中国的重要水源地，水污染和生态退化问题日益突出。近年来，长江经济带实施了多项生态修复项目，如长江流域的湿地保护、河道治理和生态修复工程，目的是改善水质、保护生物多样性。这些措施为生态环境的恢复提供了保障，也为绿色经济的长期发展奠定了基础。

绿色科技创新在长江经济带的发展中扮演着重要角色。科技创新不仅推动了绿色产业的发展，还提升了环保技术的水平。例如，先进的污水处理、空气净化技术和绿色建筑技术被广泛应用于长江经济带的各个领域，提高了产业的环境友好性和可持续性。此外，数字化技术和大数据分析的应用，也使得绿色经济的运行更加高效和精准，促进了绿色产业链的优化和绿色资源的合理配置。

然而，绿色经济在长江经济带的实施也面临不少挑战。区域内经济发展水平不均，部分地方仍存在对传统高污染产业的依赖。绿色转型的过程中，需要解决的一个核心问题是如何克服经济增长与环境保护之间的矛盾。在一些经济较为依赖重工业和资源开采的地区，转型的压力较大，短期内可能会面临产值下降、就业减少等经济压力。

政策支持的差异性也是挑战之一。不同地区的绿色经济发展水平和政策支持力度不同，某些地方的绿色经济建设还处于起步阶段，缺乏足够的资金和技术支持。此外，部分企业对于绿色技术的投资仍有顾虑，短期回报率不明确，导致环保技术的推广难度加大。

整体来看，长江经济带在推动绿色经济方面取得了一定的成效，但仍需加强区域协调、技术创新与政策支持，克服经济结构调整中的困难，推动绿色转型的深入发展。通过创新驱动、加强生态保护和产业升级，可以有效提升绿色经济在长江经济带的应用水平，进而实现可持续发展的目标。

第八章

绿色经济体系

076　绿色经济如何减少中国的碳排放？

绿色经济在减少中国碳排放方面扮演着关键角色。中国是全球碳排放最大的国家，推动绿色经济转型对于实现“碳达峰”和“碳中和”目标至关重要。绿色经济的核心理念是推动经济发展与环境保护相结合，通过提升资源利用效率、推动低碳技术应用和促进可持续发展，实现碳排放的有效减少。

绿色能源的广泛应用是减少碳排放的重要途径。随着太阳能、风能、水能等可再生能源的迅速发展，绿色经济的核心是能源结构的低碳转型。通过大力投资风能和太阳能发电项目，逐步替代传统的化石燃料能源，中国可以显著减少二氧化碳排放。此外，推动新能源汽车的普及，减少石油和天然气的消耗，也能有效降低交通领域的碳排放，成为碳减排的重要环节。

能源效率的提升是绿色经济的重要组成部分。在工业、建筑和交通等多个领域，通过节能技术的应用，能够大幅降低能源消耗，减少碳排放。例如，工业领域采用更加高效的生产工艺和设备，建筑领域推广绿色建筑和节能建筑材料，交通领域推动电动化和公共交通系统的建设，都是绿色经济推动碳排放减少的有效方式。

绿色制造业的发展同样是减少碳排放的关键。传统的高能耗和高污染产业在绿色经济框架下逐步进行结构调整和技术升级。绿色制造业依靠先进的技术和工艺，提高生产效率，减少能源消耗和污染物排放。中国通过推动绿色工艺、循环经济和资源再利用，大力减少废弃物的产生，促进资源的最大化利用。

生态保护与修复在减少碳排放方面也发挥着积极作用。中国加强了对森林、湿地和草原等生态系统的保护，通过自然碳汇作用吸收大气中的二氧化碳。森林碳汇的保护和扩大、湿地的修复以及植树造林等项目，能够有效促进碳的吸收和储存，降低大气中的碳浓度。

绿色金融的推动为绿色经济提供了资金支持，进而促进了低碳技术和绿色产业的快速发展。绿色金融通过绿色债券、绿色基金等金融工具，吸引了大量资金流入清洁能源、环保项目和绿色技术领域，为实现低碳经济提供了充足的资金支持。

尽管绿色经济在减少碳排放方面具有巨大潜力，但挑战依然存在。产业结构调整和技术更新换代需要较长时间，且高碳排放的传统产业仍然占据重要地位。在加速绿色转型的过程中，需要不断完善政策、增加投资，并加大对低碳技术的研发和推广力度。

总体而言，绿色经济的推动为中国减少碳排放提供了多重途径，涵盖了能源、产业、技术、金融等多个领域。通过绿色经济的持续发展，中国将实现经济增长与环境保护的双赢，朝着“碳达峰”和“碳中和”的目标迈进。

077　绿色经济如何推动生态修复与环境保护？

绿色经济在推动生态修复与环境保护方面具有至关重要的作用。其核心理念是通过实现经济增长与资源环境的和谐共生，逐步走向可持续发展。在此过程中，绿色经济不仅有助于减少污染、保护生态环境，还能够推动自然资源的合理利用与修复，确保生态系统的长期健康。

绿色经济的一个显著特点是鼓励低碳、环保产业的发展。企业在绿色经济框架下，越来越注重资源的高效利用和废弃物的最小化排放。这种转变促进了生态修复和环境保护工作。例如，在工业领域，通过优化生产工艺和采用清洁生产技术，企业能够减少废气、废水和固废的排放，从源头上避免了对生态环境的破坏。

生态农业是绿色经济的重要组成部分。绿色经济推动了农业向生态友好型模式转型。农业生产通过减少化学肥料和农药的使用，采用有机种植和生态农业技术，有效改善了土壤质量，提升了生物多样性，同时减少了农业活动对环境的污染。此外，生态农业能够通过恢复农田生态系统，提高土地的生产力，促进生态修复，避免水土流失等问题。

在资源利用和循环经济领域，绿色经济也发挥了积极作用。通过循环利用资源、推广再生利用技术，减少了资源浪费和环境污染。企业和政府逐渐采取资源回收和再生技术，在资源的获取、加工、使用以及最终处理过程中，尽量减少对自然生态的负面影响。例如，推动废旧电子产品的回收和处理，减少有害物质对土壤和水源的污染，有助于修复被污染的生态系统。

生态修复项目也是绿色经济的一项重要任务。随着生态环境问题日益严峻，许多地方加大了对森林、湿地、河流和草原等生态系统的修复力度。通过大规模的植树造林、湿地恢复和河流清理等项目，绿色经济推动了生态环境的恢复与修复。植树造林不仅增强了碳汇功能，还改善了空气质量、水源涵养能力，提升了生物多样性。湿地恢复则通过恢复湿地生态功能，调节水循环，防止洪水和干旱，修复了生态系统的自然平衡。

绿色经济还促使政府出台一系列环境保护政策和法规，加大对污染排放的监管力度。环境税收、排污许可证、碳交易等机制的实施，有助于减少污染源排放，激励企业采取绿色生产方式。此外，在绿色金融的引导下，绿色项目和环境保护产业获得了更多的资本支持，为生态修复和环境保护提供了持续的资金保障。

总的来说，绿色经济通过技术创新、产业转型、政策推动等多种方式，推动了生态修复与环境保护的有效实施。通过资源的合理利用和环境的持续修复，绿色经济为构建人与自然和谐共生的社会提供了坚实的基础。

078 绿色经济如何改善中国的空气质量?

绿色经济通过推动低碳发展、清洁能源和绿色技术的应用，对改善中国的空气质量发挥着重要作用。中国面临严峻的空气污染问题，尤其是在工业化、城市化快速发展的背景下,PM2.5、二氧化硫等有害物质的排放量居高不下。绿色经济的推动为解决这些问题提供了可行的路径。

绿色经济倡导绿色产业的崛起，特别是在能源、交通、建筑等领域。能源结构的转型是改善空气质量的关键。通过加大清洁能源的开发和应用，减少化石能源，尤其是煤炭的依赖，能够有效减少污染物的排放。例如，风能、太阳能、水能等可再生能源在中国逐渐占据重要地位，逐步替代传统的煤电，减少了二氧化碳、氮氧化物等有害气体的排放。这种转型不仅有助于减缓气候变化，还能直接改善空气质量。

在交通领域，绿色经济推动了电动汽车（EV）和新能源汽车的发展。传统的燃油车是空气污染的主要来源之一。随着电动汽车的普及，尤其是在城市中，尾气排放大幅减少，空气中的有害物质浓度得到了有效控制。新能源汽车的发展促使了交通结构的调整，推动了公共交通系统的绿色转型，从而减少了私人车辆的使用，降低了整体交通污染。

绿色建筑也是改善空气质量的重要途径。绿色经济推动了建筑行业向节能、低碳方向发展，绿色建筑的推广减少了建筑过程中的能源消耗，降低了建筑运营中的排放。例如，采用高效节能的空调、照明系统、智能管理系统等，不仅减少了能源的使用，还减少了由此产生的污染物排放。同时，绿色建筑中广泛采用环保材料，进一步减少了建筑过程中的有害气体释放。

工业领域的绿色转型对改善空气质量也有重要影响。通过引导企业采用清洁生产技术、提高生产过程中的资源利用效率，能够有效降低污染物的排放。中国政府通过加强环保政策的执行力度，推动企业在生产过程中采用先进的环保设备和工艺，减少了传统工业生产过程中对空气的污染。

绿色经济还鼓励废弃物的循环利用和减少垃圾焚烧。垃圾焚烧是空气污染的重要来源之一，尤其是在一些大城市。通过推行垃圾分类、资源回收等措施，减少了垃圾处理过程中对空气的污染。

政策方面，政府通过出台一系列环境保护法规和政策，推动绿色经济发展，减少污染源。例如，排污权交易制度、碳交易市场的建立，为污染排放设定了价格机制，促使企业采取环保措施，降低排放水平。

总的来说，绿色经济通过推动产业结构调整、技术创新、政策支持等多方面的努力，能够有效改善空气质量，缓解空气污染问题，为中国的环境保护和可持续发展做出积极贡献。

079 绿色经济如何减少中国水资源浪费？

绿色经济通过促进资源的高效利用和可持续管理，能够有效减少中国水资源的浪费。中国是一个水资源相对紧缺的国家，尤其在北方地区，水资源的短缺问题尤为突出。水资源浪费不仅对环境造成压力，还影响农业、工业和居民生活的可持续发展。绿色经济提供了一些可行的解决方案，以应对这一问题。

水资源的节约首先依赖于技术的创新和产业结构的调

整。在农业领域，绿色经济强调推广节水灌溉技术。传统的灌溉方式往往存在水资源浪费的情况，而现代化的滴灌、喷灌等节水技术能够大幅度减少水的消耗。这些技术精准地将水分供应到植物根部，减少了蒸发和渗漏，显著提高了水的使用效率。此外，智能化水利管理系统的引入，通过实时监测土壤湿度和天气变化，进一步优化灌溉方案，避免过度灌溉。

工业领域的绿色转型也有助于减少水资源的浪费。传统工业用水量大且效率低，往往造成大量的水资源浪费。绿色经济提倡水资源的循环利用和废水处理技术。例如，工业废水的回收和再利用技术，不仅减少了生产过程中对新鲜水源的需求，还有效降低了废水排放。许多工业企业通过建立闭路循环水系统，在生产过程中重复使用水资源，显著降低了水的消耗量。

在城市用水方面，绿色经济推动了节水型城市的建设。通过优化水资源的配置和利用，减少了城市水资源的浪费。例如，雨水收集和再利用技术在一些城市逐渐得到推广，通过将降水收集并转化为可用水，减少了对地下水和河流的依赖。此外，节水型建筑的推广，采用节水龙头、节水厕所等设备，进一步降低了家庭和商业用水的浪费。

绿色经济还提倡绿色消费理念，鼓励居民和企业在日常生活中采取节水措施。例如，推广节水型家电产品，如洗衣机、洗碗机等，通过技术创新减少水的使用量。消费者的环保意识提高，有助于减少不必要的水资源浪费，从而推动全社会的节水行为。

政策方面，政府通过制定和实施相关法律法规，推动水资源的节约和合理利用。比如，出台水资源税、排污收费制度等政策，促使企业和公众意识到水资源的稀缺性，提高水资源的使用效率。此外，绿色经济还提倡生态补偿机制，鼓励节水型项目和企业获得政策支持与财政补贴。

总的来说，绿色经济通过技术创新、产业转型、政策引导等手段，有效减少了水资源的浪费，推动了中国水资源的可持续利用。这不仅对缓解水资源紧缺问题具有重要意义，也有助于推动绿色发展和生态文明建设。

080　绿色经济如何促进生物多样性保护？

绿色经济的核心理念是实现经济发展与环境保护的和谐共生，生物多样性保护是其中一个重要方面。生物多样性为地球生态系统提供了丰富的资源和服务，而绿色经济通过推动可持续的生产方式和消费模式，能够有效促进生物多样性的保护。

绿色经济鼓励保护自然生态系统，减少人类活动对环境的负面影响。在农业领域，绿色经济提倡生态农业、无害化农业等可持续的农业生产方式。这些方式强调减少化肥和农药的使用，避免对土壤和水体的污染，同时保护自然栖息地。通过发展有机农业和循环农业，不仅能够提高土壤质量，还能为各种生物提供栖息和繁衍的空间，从而增强生态系统的多样性和韧性。

工业生产方式的绿色转型同样有助于生物多样性保护。传统工业化生产往往伴随着资源的过度消耗和环境的破坏，尤其是对水体、土地及空气的污染，极大地威胁了生态系统的稳定性。绿色经济鼓励清洁生产技术的应用，减少污染物的排放，通过资源高效利用、废弃物循环利用等手段，减轻工业活动对环境的负面影响。此外，绿色技术也有助于修复和保护受损生态系统，提高生态恢复能力，进而保护生物多样性。

在林业和渔业领域，绿色经济提倡生态保护型的资源管理。可持续的森林管理避免了过度砍伐，并通过植树造林和森林恢复等手段恢复生态系统。同时，绿色经济鼓励渔业资源的可持续利用，提倡捕捞限额和禁渔期制度，减少过度捕捞，保护海洋和淡水生态系统的多样性。

绿色经济还通过推动绿色消费和低碳生活方式，减少对自然资源的过度开采。消费者的环保意识提升意味着他们在日常生活中更加关注生物多样性的保护，选择环保、可持续的产品。例如，选择不含有害物质的家居用品，减少一次性塑料的使用，购买本地和有机食品，减少食物浪费等，这些都能在一定程度上减少对环境的压力，促进生态环境的恢复与生物多样性的保护。

政府的政策和法规也在生物多样性保护中发挥着重要作用。绿色经济强调通过政策引导和资金支持，鼓励企业和社会参与生态保护。通过设立自然保护区、生态补偿机制、绿色税收等措施，为生态保护提供经济激励，推动生物多样性保护的有效实施。

总的来说，绿色经济通过推动可持续的生产和消费模式，减少环境破坏，恢复生态系统功能，从而在多层次、多领域促进生物多样性的保护。这不仅有助于生态环境的修复，也为未来经济的可持续发展奠定了坚实的基础。

081　如何通过绿色经济推动循环利用？

绿色经济的核心之一是促进资源的高效利用与循环再生。通过推动绿色经济，循环利用可以在多个领域得到广泛应用，不仅减少资源的浪费，还能降低环境污染，为可持续发展奠定基础。

循环经济的基本理念是尽可能减少原材料的消耗，通过延长资源的使用寿命，实现废物的再生利用。绿色经济为这一目标提供了有效的路径。通过推动绿色生产和消费模式，鼓励企业采用绿色技术，企业能够最大化地利用现有资源，减少对新资源的依赖。例如，绿色制造推动企业采用环保材料和可回收资源，设计出能够方便拆解和回收的产品。在产品生命周期结束后，废旧材料可被回收或再利用，避免了大量废物的产生。

在能源领域，绿色经济也大力提倡循环利用。传统能源的开采、生产和消耗过程中产生了大量的碳排放，绿色经济通过发展可再生能源、推进能源的高效利用，减少了对传统能源的依赖。同时，能源的回收和再利用也是绿色经济的一部分。例如，废热回收技术能够将工业生产中产生的废热再利用，减少能源浪费，提高能源使用效率。

在垃圾处理方面，绿色经济也注重废物的资源化处理。通过发展先进的垃圾分类与回收技术，绿色经济不仅减少了废弃物的堆放和填埋，还可以将废弃物转化为可用资源。例如，生物质废料可以通过堆肥或沼气发酵转化为肥料和能源，塑料、纸张和金属等材料则通过回收处理，重新进入生产过程，减少了原料消耗和环境污染。

绿色经济还鼓励消费者参与循环利用的过程，推动可持续消费模式的普及。通过政府和社会倡导，消费者可以选择环保产品，购买有回收标志的商品，减少一次性消费品的使用。废旧物品的回收不仅能减少垃圾量，还能为经济提供更多的可再生资源。在这一过程中，绿色金融的支持也起到了积极作用，绿色投资和绿色信贷为企业发展循环经济提供了资金支持，促进了技术创新与产业升级。

总的来说，绿色经济通过推动资源的循环利用，不仅有助于减少对原材料的需求，降低生产成本，还能够减轻环境的负担，推动可持续发展。循环经济模式的实施不仅是企业的责任，也是每个社会成员的使命，只有全社会共同参与，才能实现资源的最大化利用和环境的最小化影响。

082　绿色经济如何推动资源节约型社会建设?

绿色经济在推动资源节约型社会建设中扮演着至关重要的角色。其核心理念是通过提高资源利用效率，减少资源浪费，推动环境与经济的双赢。这种转型不仅有助于降低对自然资源的依赖，还能促进经济结构的优化和可持续发展。

资源节约型社会的建设需要从生产、消费到废弃物处理等各个环节进行全面改革。绿色经济通过技术创新和产业升级，推动企业采用更为高效、环保的生产方式。绿色生产技术能够显著减少资源的消耗和环境的污染。例如，节能减排技术的应用可以使工业生产更加高效，降低能源消耗和二氧化碳排放。同时，绿色材料和环保技术的使用也能有效节约资源，减少传统生产方式对自然资源的过度依赖。

绿色经济在消费领域同样发挥着推动作用。通过倡导可持续消费，减少过度消费和浪费，消费者的选择能够直接影响市场供给。绿色产品的推广、环保包装的使用、节能家电的普及等，都是在推动资源节约型社会的建设。政府和社会组织通过宣传教育，鼓励民众改变传统的消费观念，更多选择低碳、节能的商品和服务。此外，绿色金融产品的推广，使得更多企业能够通过绿色投资获得资金支持，从而推动其采用资源节约的技术和生产模式。

废弃物处理和回收也是资源节约型社会建设的重要组成部分。绿色经济大力发展循环经济，推动废旧资源的回收与再利用。垃圾分类和资源化处理能够最大限度地减少资源的浪费，提高资源的利用效率。通过建立完善的回收体系，可以将废弃物转化为可再生资源，减少填埋和焚烧带来的环境负担。同时，发展绿色能源，如太阳能、风能等清洁能源，能够减少对传统能源的需求，实现能源的高效利用。

政策和法规的引导也是绿色经济推动资源节约型社会建设的重要途径。政府通过制定绿色税收政策、环保标准和资源利用效率要求，推动企业和社会组织积极采取节约资源的措施。绿色认证和环境标志认证等政策，可以激励更多企业生产和销售环保产品，形成资源节约的市场导向。此外，政府还可通过设置资源使用的上限或定期审查企业的资源消耗状况，确保资源得到合理和高效的使用。

社会参与在绿色经济中具有重要意义。各级政府、企业、民众和社会组织需要共同协作，通过教育、技术、政策等多方面手段，推动社会整体向资源节约型转型。通过科技创新与资源高效利用，实现可持续经济增长，减少对自然资源的过度开发，减少环境压力。

总之，绿色经济通过各方面的改革，推动了资源节约型社会的建设。它要求从生产到消费，再到废弃物管理，整个社会都要共同努力，优化资源利用方式，降低资源消耗，以实现经济发展与环境保护的和谐统一。

083 绿色经济如何抑制土地资源的过度开发？

绿色经济能够通过一系列措施有效抑制土地资源的过度开发，促进土地的可持续利用与生态保护。土地作为有限的自然资源，其合理利用对于实现经济、社会和环境的协调发展至关重要。绿色经济通过优化土地资源配置、推动绿色生产方式和加强法律监管等手段，有助于减少土地资源的不合理开发。

土地资源的过度开发通常表现为无序的城市扩展、农业用地的过度开垦以及生态环境的破坏。绿色经济的一个重要目标是推动土地的集约化和高效利用，而不是单纯追求土地的数量化开发。通过提升土地的利用效率，绿色经济倡导将有限的土地资源最大化地用于提高生产力，同时避免对生态环境的过度破坏。这一目标可通过城市绿色发展、生态农业以及可持续建设等途径来实现。

城市化进程中的土地开发往往导致土地资源的过度消耗。绿色经济强调绿色建筑和低碳城市的理念，通过推动绿色建筑技术的应用，减少土地开发所带来的环境负担。

绿色建筑不仅关注建筑材料的节能性，还提倡城市空间的合理规划，避免城市扩张过程中对自然资源的无序占用。此外，智能城市建设的推进可以帮助优化城市内部的资源配置和利用，避免对城市边缘地区的大规模土地开发。

农业用地的过度开垦也是土地资源浪费的主要因素之一。绿色经济通过提倡生态农业，避免过度耕作和土地过度开垦，推动农业可持续发展。生态农业模式注重土壤质量保护和农业生态系统的恢复，通过采用轮作、休耕和有机种植等方式，提高土地的持续生产能力，减少对自然资源的过度开发。通过扶持绿色农业技术与创新，提高土地生产率，使得农业用地不再单纯地依赖扩展，而是通过更高效、更环保的方式实现产出。

绿色经济还强调加强土地资源的法律和政策监管，限制不符合生态要求的土地开发行为。政府可以通过出台严格的土地使用审批制度，对不合理的土地开发项目进行干预。通过制定和执行土地保护政策，严格控制耕地转为非农建设用地的规模，促进土地的可持续利用。例如，实施土地使用税、耕地保护法等政策手段，有助于减少对自然资源的过度开采，推动土地资源向更高效、更绿色的方向发展。

推动土地资源可持续利用的另一重要举措是发展生态

保护项目。在一些生态敏感区和脆弱地区，应优先保护生态系统，通过退耕还林、退牧还草等措施，减少人为开发对生态环境的破坏。生态保护不仅能够恢复土地的生态功能，还能够保障生物多样性，增强土地资源的自我恢复能力。

绿色经济在抑制土地资源过度开发方面的作用，不仅仅体现在对土地的管理上，更在于它推动了全社会对于土地保护的理念转变。通过技术创新、政策引导和市场机制的激励，绿色经济鼓励各方合作，实现土地的可持续管理和生态保护。

084 如何通过绿色经济实现中国的碳中和目标?

绿色经济在实现中国碳中和目标的过程中扮演着至关重要的角色。碳中和的核心是通过减少碳排放和增加碳吸收，达到二氧化碳排放量与吸收量的平衡。绿色经济不仅为碳减排提供技术和创新支持，还通过优化产业结构、推动绿色技术创新、提升能源利用效率等多方面措施，助力中国迈向碳中和目标。

首先，绿色经济推动清洁能源的大规模应用，这是实现碳中和的基础。中国的能源结构目前仍以煤炭为主，清洁能源的比例较低。通过加速太阳能、风能、水能等可再生能源的研发和推广，减少对化石能源的依赖，可以有效降低碳排放。绿色经济倡导的绿色电力交易市场和智能电网技术能够进一步优化能源配置，提升清洁能源的使用比例和效率。此外，大力发展储能技术，以解决可再生能源波动性的问题，也是实现碳中和的关键路径。

其次，绿色经济强调能源使用的效率提升，推动传统产业的绿色转型。工业领域是碳排放的主要来源之一，通过推动绿色生产技术的应用，如智能化生产、绿色制造工艺、低碳技术的创新，可以减少能源的浪费，提高能源的使用效率。此外，工业领域的碳捕集、利用与封存技术（CCUS）发展，也将有效减少温室气体的排放，帮助高碳排放行业在转型过程中实现减排。

在交通领域，绿色经济通过推动电动汽车的普及以及公共交通的低碳化，助力实现碳中和目标。电动汽车的使用能够显著减少交通运输中的碳排放。中国已在多个城市布局了电动汽车充电基础设施，电动汽车的推广有望在未来几年显著降低汽车尾气排放。此外，发展绿色公共交通，增加轨道交通和电动公交车的使用，也能减少传统燃油车的数量，从源头上控制碳排放。

绿色经济还促进了低碳建筑和绿色城市的建设。建筑行业是碳排放的另一个重要来源，推动绿色建筑和节能建筑材料的应用，能够显著降低建筑的能耗和碳排放。通过实施建筑能效标准、推动建筑材料的低碳化，减少建筑领域的能源消耗，进而降低温室气体的排放。绿色城市建设还包括城市的绿色基础设施建设，如低碳园区、绿色公共空间等，这些都为实现碳中和目标提供了有力支持。

另外，绿色经济的金融支持也是实现碳中和目标的重要力量。绿色金融通过为低碳项目提供资金支持，推动绿色投资，帮助企业和政府实施低碳技术改造和绿色项目。绿色债券、绿色基金等金融产品的创新为碳减排项目提供了资金保障，有助于加速低碳技术的推广和应用。

绿色经济作为推动碳中和的重要动力源泉，通过技术创新、产业转型、政策支持等手段，能够为中国实现碳中和目标提供坚实基础。

085　绿色经济如何改善生态环境质量？

绿色经济在改善生态环境质量方面具有深远的影响。通过推动可持续发展、减少资源浪费和保护生态系统，绿色经济不仅有助于经济增长，还能有效降低环境污染，促进生态环境的改善。

绿色经济的核心是推动资源的高效利用和循环利用。传统的经济模式往往过度消耗自然资源，导致生态环境的破坏。绿色经济通过引入循环经济理念，鼓励减少资源的消耗、延长资源的使用寿命，并通过回收和再利用减少废弃物的排放。这不仅能降低对天然资源的依赖，还能有效减少工业生产中的废气、废水、废渣等污染物的排放，减轻环境压力。

在能源领域，绿色经济推动了清洁能源的开发与应用。化石燃料的广泛使用是大气污染和温室气体排放的主要来源之一。通过发展太阳能、风能、水能等可再生能源，绿色经济减少了对煤炭和石油等传统能源的依赖。可再生能源的利用不仅降低了二氧化碳排放，还能减少空气中的有害物质，从而改善空气质量。此外，绿色经济鼓励高效的能源使用和智能化管理系统的应用，进一步降低能源消耗和污染排放。

绿色农业是改善生态环境的另一个重要领域。传统农业模式在追求高产量的同时，常常依赖大量的化肥和农药，这导致土壤退化、水污染以及生物多样性丧失。绿色经济通过倡导生态农业、减少化学品的使用以及采用有机肥料等措施，能够恢复土壤肥力，保护水资源，减少农业污染。这种方式不仅改善了农业生产的环境影响，还保护了生态系统的健康。

绿色经济还通过推动绿色建筑和低碳城市建设，提高建筑能效，减少建筑领域的能源消耗和碳排放。绿色建筑采用环保材料和节能设计，能够有效减少建筑运行中的能源消耗和温室气体排放。此外，绿色城市规划注重生态系统的保护和绿地的建设，通过增加城市绿化面积和建设绿色基础设施，有助于吸收二氧化碳、降低城市热岛效应并提升居民生活质量。

环保产业的蓬勃发展也为绿色经济注入了强大动力。通过推动环保技术的创新和产业化应用，绿色经济带来了更高效的污染治理手段。污水处理、废气净化、固体废物回收利用等技术的进步，有助于减少污染物的排放，提高生态环境的质量。通过对污染源的精准监控和治理，绿色经济还能够防止环境恶化，促进生态恢复。

绿色经济的政策引导同样至关重要。政府通过出台环境保护法规、绿色税收政策和碳排放交易体系等措施，激励企业和社会各界减少污染排放，实现环境的可持续发展。企业通过绿色转型，采用环保技术和低碳生产模式，能够大幅度减少对环境的负面影响。

通过技术创新、产业转型、政策引导以及全社会的共同努力，绿色经济能够为改善生态环境质量提供切实可行的解决方案。绿色经济不仅仅是经济增长的驱动力，更是实现生态环境可持续发展的重要保障。

第九章

绿色经济的世界视野

086　中国在全球绿色经济中的地位如何？

中国在全球绿色经济中的地位日益重要，成为推动全球绿色转型的关键力量。随着环境问题和气候变化挑战的加剧，绿色经济已成为世界各国关注的焦点，而中国作为全球第二大经济体，正在积极参与并引领这一变革。

中国在绿色经济领域的成就体现在多个方面。可再生能源的快速发展使中国成为全球最大的太阳能和风能市场。依靠政策支持和技术进步，中国的太阳能发电装机容量已位居世界第一，风电装机容量也位于全球前列。绿色能源的快速发展不仅有助于减少对传统化石能源的依赖，还有效降低了碳排放，为全球减排目标做出了巨大贡献。

中国在绿色技术创新方面的投入也不容忽视。通过加大绿色研发投入，中国在环保技术、电动汽车、能源储存等领域取得了显著进展。中国电动汽车产业已成为全球领先的市场，不仅在国内销量增长迅猛，还逐渐扩大国际市场份额。绿色技术的创新推动了产业结构的转型升级，提升了中国在全球绿色经济领域的竞争力。

此外，中国还在绿色金融领域扮演着重要角色。绿色债券市场的发展为绿色项目提供了充足的资金支持。中国成为全球最大的绿色债券市场之一，并且在碳交易和碳定价机制的建设方面取得了重要进展。通过绿色金融，中国不仅为国内绿色经济的发展提供了资金支持，也吸引了国际资本的关注，提升了全球市场对中国绿色经济的认可。

在全球绿色政策的引领上，中国也发挥了重要作用。中国积极参与国际气候变化谈判，并承诺实现2030年“碳达峰”和2060年“碳中和”的目标。作为《巴黎协定》的签署国之一，中国的绿色转型目标对于全球气候治理具有重要意义。此外，中国还加强了与其他国家在绿色经济方面的合作，推动共建“一带一路”中的绿色发展合作，分享绿色技术和经验，提升全球绿色经济的协同发展。

中国的绿色经济发展面临不少挑战，如经济转型中的结构性问题、部分地区绿色发展水平不平衡以及环保治理的复杂性等。然而，通过深化改革、加强政策引导、推动技术创新和提升社会绿色意识，中国在全球绿色经济中的地位将不断巩固。

总的来说，中国在全球绿色经济中的地位正在不断上升，已成为全球绿色转型的领跑者之一。通过积极推动绿色技术、绿色金融和绿色政策的创新，中国不仅为自身的可持续发展奠定了基础，也为全球绿色经济发展提供了重要的动力和示范。

087 中国如何通过绿色经济应对全球气候变化？

中国在应对全球气候变化的过程中，绿色经济扮演着至关重要的角色。随着气候变化带来的压力日益增大，转向绿色经济不仅是中国实现可持续发展的必要路径，也是全球应对气候危机的关键环节。

在能源转型方面，中国大力推动清洁能源的发展，减少对传统化石燃料的依赖。太阳能和风能是中国能源结构转型的重要支柱。近年来，中国成为世界上最大的太阳能和风能市场，装机容量位居全球首位。国家政策的支持，例如“可再生能源法”和“绿色发展规划”，为清洁能源的广泛应用提供了有力保障。此外，中国还通过加强电网基础设施建设和储能技术的发展，提高可再生能源的消纳能力，逐步替代传统能源，实现低碳经济目标。

碳排放的减少是应对气候变化的关键。中国在减排方面采取了严格的政策措施，并承诺到2030年达到碳排放峰值，并力争在2060年实现碳中和。通过实施碳交易制度和碳定价机制，中国为碳市场的建立和发展打下了基础，这一举措促进了低碳技术的广泛应用，并推动了企业和行业在减排方面的积极转型。加大绿色技术研发投入，尤其是在电动汽车、新能源、碳捕集与封存等领域，也帮助中国走上了绿色发展之路。

绿色金融的快速发展是中国应对气候变化的另一关键环节。绿色金融政策的出台，如绿色债券和绿色贷款，推动了绿色产业的发展，吸引了大量资本投入环保领域。中国还积极推动全球绿色金融合作，参与国际绿色金融标准的制定，并将绿色金融融入全球绿色转型的大框架中。通过这一机制，中国的金融体系有效支持了环境友好的项目，促进了绿色产业的繁荣。

此外，绿色产业的创新和推广也是应对气候变化的重要策略。中国加强了环保技术的研发，推动绿色制造、绿色建筑、绿色交通等产业的快速发展。例如，在电动汽车领域，中国不仅是全球最大市场，而且在技术研发和生产规模上也处于世界领先地位。绿色建筑技术和节能减排技术的广泛应用，不仅减少了建筑和城市交通的能源消耗，也降低了碳排放。

中国通过绿色经济促进了能源结构的转型、推动了低碳技术的发展、加强了绿色金融的支持、推动了产业的绿色升级，这些措施共同构建了中国应对全球气候变化的强大推动力。随着绿色经济进一步发展，中国不仅为自身的可持续发展奠定了基础，也为全球气候变化应对提供了有力的示范和贡献。

088　中国与其他国家在绿色经济领域的合作如何？

中国在绿色经济领域的国际合作已经成为全球可持续发展进程中的一个重要组成部分。随着绿色发展理念的深入人心，中国积极与其他国家展开合作，推动全球绿色经济转型。通过多种形式的合作，提升了全球在应对气候变化、保护生态环境、推动低碳经济等方面的整体水平。

在应对气候变化和推动低碳转型方面，中国与多个国家建立了紧密的合作关系。与欧洲特别是欧盟的绿色经济合作成为亮点。中欧双方在气候变化、能源转型、绿色技术创新等方面达成了多项协议和共识。例如，中欧绿色合作伙伴关系框架协议的签订，促进了绿色金融、可再生能源和节能减排技术的共同发展。同时，欧洲绿色技术的引入，帮助中国在新能源、绿色建筑等领域加速技术进步，并推动国内企业在全球绿色经济体系中占据更有利的位置。

中国与发展中国家的合作则更多集中在绿色基础设施建设、环保技术和气候融资等领域。通过共建“一带一路”，中国推动与共建国家的绿色合作，帮助这些国家建设绿色基础设施，分享清洁能源技术，并提供绿色金融支持。例如，中国在非洲地区建设了多个太阳能电站，并帮助一些国家改善了水资源管理和废物处理系统。这些合作不仅帮助了发展中国家提升环保能力，也加强了中国绿色技术和企业的国际影响力。

在绿色金融方面，中国与全球多个国家的合作也日益增多。中国的绿色金融体系在世界范围内取得了重要进展，绿色债券市场的迅速发展吸引了许多国际投资者的关注。通过推动全球绿色金融标准的统一，尤其是在绿色债券、绿色股权投资、绿色基金等方面的规范与合作，中国为全球绿色经济提供了经验和模式。此外，中国还加强了与国际金融机构如世界银行、国际货币基金组织等的合作，共同推动全球绿色金融的发展，促进了资金流向低碳、可持续的项目。

技术创新合作是中国与其他国家在绿色经济领域的另一重要合作方向。中国通过科技创新合作，加强与全球领先国家在新能源、绿色交通、环境保护等领域的研发合作。通过与美国、日本、德国等科技大国的合作，中国不仅加速了绿色技术的引进，还在自主研发方面取得了显著进展。中美在电动汽车和电池技术领域的合作，使中国在新能源汽车领域得以快速崛起并占据全球市场领先地位。

通过积极开展国际合作，中国在绿色经济领域不仅实现了自身的绿色转型，也为全球的可持续发展贡献了力量。未来，随着绿色经济全球化进程的推进，中国将继续发挥其在全球绿色经济合作中的重要作用，推动绿色技术、绿色金融、绿色政策的广泛传播与应用，促进全球共同应对气候变化。

089 中国在绿色经济领域的技术创新如何推动全球发展?

中国在绿色经济领域的技术创新正在为全球可持续发展提供强大动力。随着环境问题日益严重,全球各国越来越重视绿色发展和低碳转型,而中国作为全球第二大经济体,凭借其技术创新,在推动绿色经济方面发挥着至关重要的作用。

中国在绿色能源技术方面的创新成效显著,尤其是在太阳能、风能和电动汽车等领域。中国已成为全球最大规模的太阳能光伏产品生产和应用市场之一。国内企业在光伏电池的研发和生产上取得了突破,使得太阳能发电的成本大幅下降,从而推动了全球绿色能源的普及。此外,中国的风能技术也在快速发展,尤其是在海上风电和大规模陆上风电项目中,技术的突破提高了风电的发电效率和稳定性。中国的这一技术进步,不仅促进了国内绿色能源的消费,也为其他发展中国家提供了绿色能源解决方案。

电动汽车是另一个中国绿色经济创新的重要领域。中国政府大力推动新能源汽车产业的发展，采取了强有力的政策支持，如补贴政策、基础设施建设等，促使中国成为全球最大电动汽车市场。通过电池技术、充电设施网络以及智能网联汽车技术的创新，中国不仅提升了国内市场的绿色出行能力，还通过降低电动汽车生产成本，向全球提供了更加环保的交通工具。中国的电动汽车产业逐渐向全球扩展，为其他国家提供了可借鉴的经验和技术，推动了全球绿色交通的发展。

资源循环利用也是中国绿色经济创新的重点领域。随着国内对废弃物管理和资源循环利用的重视，中国在垃圾分类、废物处理、再生材料的回收和利用等方面取得了显著进展。例如，在废旧电池、废旧手机和电子产品的回收再利用技术上，中国已经逐步走在世界前列。通过先进的回收技术和循环经济理念，中国为全球的资源短缺和环境污染问题提供了有效的解决方案，特别是对于其他资源贫乏的发展中国家来说，借鉴中国的经验至关重要。

在绿色金融领域，中国的技术创新也为全球绿色经济提供了支持。通过发展绿色债券市场和绿色信贷体系，中国为全球绿色项目融资提供了多样化的金融工具。中国的绿色金融市场在国内的蓬勃发展促进了全球资本流向绿色产业和环保项目，为其他国家提供了金融创新的经验和借鉴。

此外，中国还积极推动绿色技术的国际合作和出口。通过共建“一带一路”，中国与其他发展中国家分享绿色发展技术，提供技术转让和能力建设支持。这种合作不仅推动了中国绿色技术的国际化，也促进了全球绿色经济的均衡发展。

尽管中国在绿色经济领域取得了显著的技术创新，但仍面临一定的挑战，如技术的持续创新能力、国内外政策的协调等问题。然而，凭借庞大的市场规模、技术创新能力和政策支持，中国在绿色经济领域的技术创新无疑将在全球可持续发展中扮演越来越重要的角色，为全球应对气候变化和实现可持续发展目标提供了重要的技术支持和经验。

090　如何利用绿色经济促进共建“一带一路”？

绿色经济能够为共建“一带一路”的实施提供可持续的发展模式和解决方案，通过促进资源的高效利用和环境保护，推动各国实现经济、社会和环境的协调发展。推动绿色经济不仅有助于共建“一带一路”国家的绿色转型，还能为全球气候变化治理贡献力量。

在基础设施建设方面，绿色经济理念可以推动共建“一带一路”国家采取低碳、节能的建设模式。通过采用绿色建筑、绿色能源和智能交通系统等技术，减少资源消耗和碳排放。例如，在交通基础设施建设中，使用环保建材、节能设备，优化道路和城市布局，可以有效减少能耗和碳足迹。同时，推动绿色建筑标准和节能认证体系在共建国家的推广，能够提高建筑项目的环境性能，促进绿色城市建设。

能源合作是绿色经济推动共建“一带一路”的关键领域。清洁能源项目不仅有助于降低对化石能源的依赖，还能改善能源结构、减少污染。在这一方面，中国在太阳能、风能、水能等可再生能源领域具备较强的技术优势，可以与共建“一带一路”国家加强合作，推动清洁能源项目的建设和技术转让。此外，绿色电力输送网络的建设也为共建国家提供了可靠的能源保障，推动了低碳经济的实现。

绿色农业是另一个在“一带一路”框架下的重点领域。推动绿色农业技术的应用，采用生态友好的种植和养殖方式，可以提高土地使用效率、减少化肥和农药的使用，保护生态环境。通过推广精准农业、智慧农业等技术，可以帮助共建“一带一路”国家提高粮食产量，同时减少对自然资源的依赖，增强农业的可持续发展能力。

绿色金融为共建“一带一路”提供了重要的资金支持。通过绿色债券、绿色贷款等金融工具，能够为共建国家的绿色项目提供充足的资金。中国在绿色金融领域的经验和政策可以为其他国家提供借鉴，促进绿色项目的融资和发展。同时，通过绿色投资基金、低碳项目投资等形式，可以吸引更多的社会资本进入绿色产业，推动绿色经济的健康发展。

此外，绿色技术的合作与交流也是共建“一带一路”中的关键内容。中国在节能减排、污染治理、资源回收等领域积累了丰富的经验，推动与共建国家共享绿色技术，能够帮助这些国家实现低碳发展。通过技术转移和技术合作，共建国家可以引进先进的绿色技术，提升本国的绿色生产能力。

“绿色丝绸之路”理念的提出，旨在推动环境保护与经济发展相协调。在“一带一路”的框架下，推动绿色经济发展，不仅能够提升共建国家的经济竞争力，也能够促进区域内的环境保护合作，实现共同发展。

然而，推动绿色经济也面临一些挑战。不同国家的政策、市场机制和技术水平差异较大，需要根据各国的实际情况制定个性化的绿色发展策略。此外，绿色经济项目的投资回报周期较长，部分共建国家可能面临资金不足和技术人才短缺的问题。因此，需要加强国际合作，建立更加完善的绿色金融机制，并通过技术支持和能力建设，帮助各国克服发展绿色经济的障碍。

总的来说，通过推动绿色经济，共建“一带一路”国家不仅可以实现可持续发展，还能为全球气候变化应对、生态环境保护和经济社会发展提供积极的解决方案。绿色经济将成为共建“一带一路”的重要组成部分，推动区域内的长期稳定与共同繁荣。

第十章

绿色经济未来展望

091　绿色经济的未来发展趋势是什么？

绿色经济的未来发展趋势将围绕着低碳、循环、可持续三个核心理念展开，逐步形成一个全面协调的生态经济体系。在全球气候变化、资源枯竭和环境污染等问题日益严峻的背景下，绿色经济将成为未来发展的主流方向。以下几个方面将是绿色经济未来的重要发展趋势。

能源转型将是绿色经济发展的关键。随着传统能源的消耗和环境污染问题日益严重，全球将加大对可再生能源的投入，推动能源结构的根本性变革。太阳能、风能、氢能等绿色能源将成为主要能源来源，而电力生产、储能和智能电网等相关技术也将在未来得到广泛应用。绿色经济的发展将推动能源行业实现低碳化、智能化和多样化，进而减少对化石能源的依赖，降低碳排放。

循环经济将在未来发挥越来越重要的作用。传统经济模式以“生产—消费—废弃”为线性发展路径，造成资源浪费和环境污染。而绿色经济倡导的循环经济模式，注重资源的重复利用和废弃物的价值再创造，将有效减少资源消耗和垃圾排放。未来，绿色经济将鼓励企业从设计阶段就考虑产品的可回收性、可修复性和可持续性，形成从生产到消费再到回收的闭环系统。同时，废弃物的再利用、资源化和低碳化处理技术也将迎来快速发展，促进绿色产业的崛起。

绿色金融将成为推动绿色经济发展的重要工具。随着全球对环保、气候变化问题的关注日益加深，绿色金融市场将继续壮大。绿色债券、绿色信贷、碳交易等金融产品将被广泛应用，为绿色项目提供资金支持。此外，金融机构和投资者对绿色企业和绿色项目的兴趣也将日益增强。随着全球碳市场和环保法规的逐步完善，绿色金融将成为促进低碳经济转型的重要推动力。

绿色技术的创新将继续推动绿色经济的前进。从新能源技术到智能化绿色生产技术，未来科技创新将为绿色经济的发展提供更多的技术支撑。绿色技术不仅包括能源技术，还涵盖环保技术、节水技术、绿色建筑技术等多个领域。未来，人工智能、大数据、物联网等新兴技术将进一步促进绿色生产和绿色消费。通过数字化、智能化手段提高资源使用效率，降低生产成本，减少环境污染。

绿色消费也将逐步成为社会发展的重要趋势。随着环保意识的提升，消费者对绿色产品的需求将不断增长。绿色消费不仅体现在绿色产品的采购上，还包括节能环保、低碳出行、绿色生活方式等方面。企业将通过创新产品设计、提供绿色服务等手段，满足消费者日益增长的绿色需求。绿色标签、环保认证和可持续发展报告将成为企业市场竞争的重要手段。

国际合作将是绿色经济发展的一个重要方面。面对全球气候变化和环境污染等跨国问题，国际社会将更加重视绿色经济合作。全球范围内的环保政策、技术交流和绿色投资将成为推动全球绿色发展的重要力量。中国在绿色经济方面的技术创新和金融支持，将为其他发展中国家提供借鉴和合作机会。

总之，绿色经济的未来发展将走向更加智能化、数字化和全球化的方向。低碳化、循环化、可持续化将成为经济发展的主流模式，绿色经济不仅为应对气候变化、促进社会可持续发展提供解决方案，还将成为全球经济转型的重要引擎。

092 绿色经济如何适应数字化转型的需求?

绿色经济和数字化转型的结合，正逐渐成为推动全球可持续发展的关键。数字化技术不仅能够提升经济效率，还能为绿色经济的发展提供新的机遇。通过数字化技术，绿色经济能够更高效地利用资源，降低碳排放，推动低碳和可持续发展目标的实现。

数字化转型能够优化资源管理和能源利用效率。通过物联网、大数据和人工智能等技术，绿色经济能够实现能源使用的精细化管理。智能电网技术使得能源的生产和消费能够更加灵活和高效，减少能源的浪费和不必要的碳排放。同时，数字化技术在建筑、交通和工业领域的应用，也能有效减少资源消耗和排放。例如，智能建筑通过传感器监控和智能控制系统调节室内温度和光照，从而降低能耗；智能交通系统可以优化交通流量，减少拥堵，降低尾气排放。

在绿色生产领域，数字化技术为提升生产过程的资源利用效率提供了强有力的支持。企业可以通过数字化技术实现生产过程的实时监控和数据分析，精确识别资源浪费和碳排放点，从而优化生产工艺，降低能源消耗和废弃物产生。数字化转型还促进了绿色供应链的建设。通过区块链和大数据技术，企业能够追踪产品从原材料到最终消费的全过程，实现透明和高效的绿色供应链管理。这不仅有助于减少供应链中的浪费，还能加强对环境和社会责任的监管，推动企业履行绿色承诺。

数字化转型也有助于推动绿色消费。通过数字化平台，消费者可以更方便地获取绿色产品信息，参与绿色消费决策。智能手机、电子商务平台和社交媒体等数字工具，使得消费者能够了解产品的环保性能、生产过程中的碳排放情况等，从而推动绿色消费模式的普及。数字化还为绿色金融的发展提供了支持。通过区块链、人工智能和大数据技术，绿色金融产品的透明度和可追溯性得到了显著提高，投资者能够更加精准地评估绿色项目的风险和收益，推动更多资本流向绿色项目。

在全球范围内，数字化转型使得各国和地区的绿色发展合作更加紧密。数字技术不仅能够帮助国家实现低碳和可持续发展的目标，还能够促进跨境绿色投资和绿色技术转移。例如，通过数字化平台，发达国家可以将先进的绿色技术和经验分享给发展中国家，帮助其实现绿色转型。国际组织和政府部门也通过数字化技术建立全球环境数据平台，提供实时的气候变化监测和环境保护数据，为决策者提供科学依据。

尽管数字化转型为绿色经济带来了诸多机遇，但也存在一定的挑战。例如，数字化技术的普及需要较高的投资，尤其是对发展中国家而言，技术的获取和应用可能面临资金和技术壁垒。此外，数字化转型可能带来更多的电子垃圾和数据安全问题，需要在推动绿色经济的同时，注重数字技术的环境影响和安全管理。

总体来看，数字化转型为绿色经济提供了前所未有的发展潜力。通过智能化管理、精准的资源优化、绿色消费模式的普及以及绿色金融的支持，数字技术不仅能提升绿色经济的效率和可持续性，还能促进全球绿色发展的协同与合作。未来，绿色经济和数字化转型将继续深度融合，共同推动全球可持续发展的进程。

093　人工智能如何推动中国绿色经济的升级?

人工智能（AI）在中国绿色经济升级中发挥着日益重要的作用。作为推动经济发展和环境保护的双重工具，AI不仅可以提升绿色技术的效率，还能够在各个领域实现资源的最优配置，为实现可持续发展提供强有力的支持。

在能源领域，人工智能通过优化能源生产和消费模式，提高了能源利用效率。智能电网技术的应用，使得能源在生产和传输过程中的损失降到最低。AI可以实时监测电力需求和供给情况，预测用电负荷，从而实现能源的精准调度。在可再生能源的利用中，AI通过天气预测和数据分析，帮助优化太阳能和风能的发电效率。结合大数据分析，AI能够预测天气变化，并调整电网的能源供给，减少了传统能源的依赖，为中国绿色能源的推广和应用提供了坚实的技术保障。

在工业领域，人工智能的应用使得绿色制造成为可能。通过机器学习和深度学习算法，AI可以帮助企业优化生产工艺，减少原材料浪费和能源消耗。例如，在智能制造过程中，AI可以通过精准的数据分析，实时监控设备运行状态，预测和减少设备故障，从而提高生产效率和设备利用率，降低能耗和排放。此外，AI在质量检测、生产调度等方面的应用，也能确保产品质量稳定，并进一步减少不必要的资源浪费。

绿色农业是人工智能推动中国绿色经济升级的重要领域。AI技术通过精准农业的应用，帮助农民实现高效、低碳的农业生产。借助传感器、无人机和大数据分析，AI可以实时监测土壤湿度、气候条件和作物生长状态，优化灌溉和施肥方案，减少水资源和化肥的浪费。通过无人驾驶农机和智能灌溉系统，农业生产效率大幅提高，环境污染也得到有效控制。AI还可以帮助实现农业的精细化管理，确保绿色食品的生产。

在交通领域，人工智能在推动绿色出行方面表现突出。智能交通系统的应用，可以减少交通拥堵，提高道路利用效率，从而降低燃油消耗和碳排放。AI技术通过交通流量预测、实时路况分析和智能交通信号控制系统，能够有效改善交通运输效率，减少能源浪费。此外，自动驾驶技术的进步也为中国绿色出行提供了新的机遇。通过智能化的调度和管理，自动驾驶车辆能够降低碳排放，提高交通系统的整体效率。

AI还可以在绿色金融领域促进资本流向低碳项目。通过大数据和机器学习算法，金融机构可以更加精准地评估绿色项目的风险与回报，优化投资组合。人工智能在绿色金融中的应用，使得资金流动更加高效，推动了绿色产业和项目的发展。

尽管人工智能为中国绿色经济升级提供了强大的动力，但仍面临一定的挑战。技术应用的普及需要高水平的基础设施支持，尤其是在农村和偏远地区，AI技术的应用可能受到限制。同时，数据隐私和安全问题也是AI广泛应用的一个潜在障碍，特别是在涉及环境监测和绿色金融时，需要确保数据的准确性和安全性。

总体来说，人工智能通过提升能源效率、推动绿色制造、优化农业生产、改善交通运输等方式，助力中国绿色经济的转型升级。随着技术的进一步发展和应用，AI将在推动中国实现碳中和目标和绿色经济持续增长方面，发挥越来越重要的作用。

094　如何通过技术创新推动绿色经济的发展?

技术创新是推动绿色经济发展的关键驱动力。通过不断突破和优化绿色技术，能够显著提高资源利用效率，减少污染排放，促进经济、社会与环境的协调发展。技术创新在绿色能源、绿色制造、绿色交通等领域的应用，正在为全球可持续发展提供强有力的支撑。

在能源领域，绿色技术创新通过清洁能源的开发和应用推动了绿色经济的转型。太阳能、风能、水能等可再生能源技术的突破，降低了能源生产成本，提高了能源供应的可持续性。太阳能光伏技术的效率不断提升，发电成本逐渐接近甚至低于传统化石能源，从而推动了大规模应用。同时，风力发电技术在装机容量和发电效率上取得了显著进展，尤其是在海上风电领域的创新，为绿色能源的普及提供了新的机遇。智能电网技术的应用，使得能源生产与消费之间的连接更加高效，为绿色电力的传输与调度提供了技术保障。通过这些技术创新，不仅能够减少温室气体排放，还能为全球应对气候变化提供实际解决方案。

绿色制造技术创新在提升生产效率的同时，也减少了资源消耗和环境污染。绿色制造的核心在于从源头控制污染，通过节能减排技术优化生产流程。先进的工业自动化和智能制造技术，能够实时监测生产过程中的能源消耗、废弃物产生等，确保资源的最大化利用。3D打印技术在减少材料浪费、提高生产灵活性和减少运输排放方面，展示了其绿色潜力。同时，绿色生产工艺和材料的研发，如环保涂料、低能耗设备等，也在不断推动制造业的绿色转型。

在交通领域，技术创新促使绿色出行方式逐步普及。电动汽车技术不断进步，电池续航能力的提升和充电设施的完善，使得电动汽车成为未来交通的主要选择之一。自动驾驶技术的推进，优化了交通流量和交通管理，降低了交通能耗和排放。共享出行和智能交通系统的结合，通过优化出行路线和交通调度，减少了能源浪费和交通拥堵问题。此外，氢燃料电池技术也逐渐成熟，为交通领域提供了另一种清洁能源解决方案。

农业领域的技术创新同样为绿色经济提供了新的发展动能。精准农业技术的应用，通过传感器、无人机和大数据分析，实现了农业生产的精细化管理，降低了化肥和水资源的使用，同时提高了农业产量和质量。人工智能和物联网技术在农业生产中的广泛应用，使得农民能够实时掌握土壤湿度、气候变化等关键数据，从而优化种植和养殖方式，实现可持续发展。

在绿色金融领域，技术创新也发挥了积极作用。区块链技术在绿色金融中的应用，使得绿色项目的资金流向更加透明，增强了投资者对绿色项目的信任。大数据和人工智能技术的结合，帮助金融机构精准评估绿色项目的风险与收益，提高了资本的配置效率，推动了绿色投资的增长。

尽管技术创新为绿色经济发展提供了大量机遇，但仍面临一些挑战。技术研发和应用往往需要较高的成本，尤其是在初期阶段，可能对某些国家和地区构成负担。此外，技术创新的普及需要全球范围内的合作，特别是在发展中国家，如何通过技术转移和能力建设帮助这些地区实现绿色转型，是一个亟待解决的问题。

总的来说，技术创新是推动绿色经济发展的核心驱动力。随着科技的不断进步，绿色能源、绿色制造、绿色交通等领域将迎来更多的技术突破和应用，推动全球实现可持续发展的目标。

095　绿色经济未来的投资方向在哪里？

绿色经济未来的投资方向将围绕着低碳、循环、可持续等核心理念展开。随着全球对气候变化、资源枯竭和环境污染等问题的关注加深，绿色经济已成为全球经济转型的重要方向。未来的投资将主要集中在以下几个领域，以促进社会、经济和环境的协同发展。

可再生能源是绿色经济中最具前景的投资领域之一。随着全球各国加大对低碳能源的需求，太阳能、风能、水能和氢能等可再生能源的投资潜力巨大。特别是太阳能和风能技术的成熟，使得这些能源的成本逐渐下降，成为传统能源的有力竞争者。未来，投资将侧重于新型能源技术的研发，如海洋能、地热能等未被充分开发的能源形式。此外，储能技术的创新也将是可再生能源投资的重要方向。随着电池技术的突破和电网技术的升级，能源存储和调度能力将大幅提升，为可再生能源的大规模应用提供保障。

绿色交通和智能交通是未来投资的另一个重点领域。电动汽车和氢能源汽车的迅速发展，推动了清洁交通的普及。未来，随着电池续航能力的提升和充电基础设施的完善，电动汽车将逐步取代传统燃油车，成为主流出行方式。氢能源汽车作为另一种清洁能源驱动的交通工具，也将获得更多的投资支持，尤其是在重型运输领域。此外，智能交通系统的投资将逐步增多。通过大数据、人工智能和物联网等技术，优化交通流量和出行路线，减少能源浪费和交通拥堵，降低碳排放。

绿色建筑和绿色城市建设也将吸引大量投资。随着城市化进程的加快，建设低碳、节能的绿色建筑已成为全球趋势。绿色建筑不仅在设计和施工阶段注重节能，还通过智能化管理系统实现长期的能源和资源效率。智能家居、绿色建筑材料和节能技术将成为投资热点。与此同时，绿色城市建设将包括智能城市基础设施、可持续的水资源管理和绿色公共交通等领域，提升城市的环境质量和居民的生活质量。

循环经济是绿色经济投资的重要方向之一。传统的线性经济模式以“生产—消费—废弃”为基础，导致资源浪费和环境污染。循环经济强调资源的再利用和废弃物的再生利用。未来，投资将主要集中在废弃物处理、回收和再利用技术的研发，推动废物资源化的产业发展。特别是在电子废物、塑料垃圾等领域，循环经济投资具有巨大的市场潜力。废弃物处理技术的创新和智能化处理设施的建设，将为绿色经济的发展提供重要支撑。

绿色金融是推动绿色经济发展的重要工具。未来，绿色金融投资将集中在绿色债券、绿色信贷和碳交易等领域。通过金融手段，引导更多资本流向绿色产业和项目，推动低碳、环保、可持续的经济发展。尤其是随着国际碳市场的发展和气候变化政策的落实，碳金融市场将迎来新的投资机会。此外，绿色金融平台和绿色投资基金将不断涌现，吸引更多投资者关注和支持绿色项目。

绿色科技创新也是未来投资的关键领域。未来，绿色技术的创新将涵盖能源、制造、农业等多个行业。从智能电网到绿色生产工艺，再到精准农业技术，绿色科技将带动绿色产业的升级。尤其是在人工智能、大数据、物联网等新兴技术的推动下，绿色经济的效率和可持续性将大大提高。投资将集中在绿色科技创新的研发和应用上，以推动绿色产业向更高效、智能、环保的方向发展。

总的来说，绿色经济未来的投资方向将涵盖可再生能源、绿色交通、绿色建筑、循环经济、绿色金融和绿色科技等多个领域。随着全球绿色转型的深入，这些领域将成为资本和技术的主要流向，不仅推动全球可持续发展的进程，还将带来丰厚的经济回报。

096 绿色经济如何推动全球绿色金融市场发展？

绿色经济的蓬勃发展为全球绿色金融市场提供了广阔的成长空间。随着各国加大对环境保护和可持续发展的投入，绿色金融成为推动全球经济转型的关键工具。绿色经济不仅促进了低碳技术的应用和资源的高效利用，也为金融市场提供了新的投资机会。绿色金融通过引导资金流向绿色项目，不仅推动了可持续经济的发展，也促进了全球绿色金融市场的快速发展。

绿色金融市场的核心在于资金的流动。随着绿色经济的不断发展，绿色项目的数量和种类不断增加。这些项目包括可再生能源、绿色建筑、清洁交通等多个领域。绿色金融通过绿色债券、绿色基金、绿色保险等金融工具，为这些项目提供资金支持。绿色债券，作为绿色金融的重要工具，已成为全球市场中的一大亮点。政府和企业通过发行绿色债券，吸引投资者的资金，用于资助环保和可持续项目。随着市场对绿色债券需求的增加，绿色债券的发行量和种类也不断增长，进一步推动了绿色金融市场的发展。

绿色经济的快速发展促进了绿色金融标准和监管体系的完善。随着绿色项目的种类和复杂性不断增加，绿色金融的透明度和规范性成为市场关注的焦点。各国和国际组织纷纷出台绿色金融相关标准和政策，确保资金的流向和使用符合环保和可持续的目标。例如，中国发布了《绿色债券发行指引》，为国内绿色债券市场的发展提供了明确的规范。在国际层面，气候债务标准和绿色投资标准等也在不断完善。这些标准和政策不仅增强了市场的信任度，也提高了绿色金融的市场吸引力。

绿色经济的蓬勃发展还促进了绿色技术创新和产业升级。绿色金融通过为绿色技术的研发和应用提供资金支持，加速了绿色科技的发展。太阳能、风能、储能等技术的创新，离不开绿色金融的支持。绿色金融市场为这些技术的商业化和推广提供了资金保障。随着绿色技术的不断进步，投资者对绿色项目的回报预期不断提高，从而吸引了更多的资金流入绿色产业。绿色经济的持续发展使得绿色金融市场与绿色技术创新之间形成了良性循环，推动了全球经济向绿色转型。

全球绿色金融市场的健康发展也为应对气候变化提供了金融支持。气候变化问题的严重性要求各国加大对绿色经济和低碳技术的投入。绿色金融的推广为气候变化领域的资金流动提供了保障。通过支持减排项目、清洁能源投资以及碳交易市场的建设，绿色金融为全球应对气候变化提供了切实可行的金融工具。尤其是碳交易市场的发展，为企业提供了激励机制，促使它们减少碳排放，推动了全球气候治理进程。

绿色金融市场的发展还促使全球资本流向更多新兴市场，特别是发展中国家。许多发展中国家面临着绿色转型的挑战，绿色金融为这些国家提供了资金支持。通过绿色信贷、绿色投资基金等形式，发展中国家可以获得资金，推动绿色项目的实施，提升绿色经济的竞争力。同时，全球资本的流动也促使发展中国家加强绿色经济政策的制定，提高绿色金融的透明度和市场化程度，进一步推动全球绿色金融体系的完善。

总体来看，绿色经济的蓬勃发展为全球绿色金融市场提供了源源不断的动力。绿色金融通过为绿色项目提供资金支持，推动了全球绿色经济的转型升级。随着绿色经济的不断壮大，绿色金融市场将继续迎来快速增长，成为全球经济可持续发展的重要组成部分。

097 绿色经济如何应对全球能源危机？

绿色经济为应对全球能源危机提供了创新的解决方案，特别是在推动低碳和可再生能源领域的发展方面。随着化石燃料的枯竭、能源需求的不断增长以及气候变化的加剧，传统的能源供应方式面临严峻挑战。绿色经济通过技术创新、政策支持和产业转型，逐步为全球能源安全提供可持续的替代方案。

可再生能源的发展是绿色经济应对能源危机的核心策略之一。太阳能、风能、水能等清洁能源正在逐渐取代传统的化石能源，成为全球能源供应的重要组成部分。太阳能和风能的成本在过去几年中大幅下降，尤其是太阳能光伏技术，已经实现了广泛的商业化应用。通过推动大规模太阳能发电项目和风力发电站的建设，绿色经济正在减少对煤炭、天然气等传统能源的依赖，并大幅降低碳排放。这些能源的广泛应用有助于缓解能源短缺问题，尤其在偏远地区和发展中国家，清洁能源为解决电力不足提供了有效途径。

智能电网技术和储能系统的创新也是绿色经济应对能源危机的重要手段。智能电网通过优化能源的生产、分配和使用，提高了能源利用效率，减少了能源浪费。在可再生能源的并网过程中，由于太阳能和风能的波动性，如何确保电力供应的稳定性是一个重要问题。储能技术的发展，特别是电池技术的进步，为这一问题提供了解决方案。通过将多余的电能储存起来，储能系统可以在需求高峰时释放电能，确保能源供应的平稳运行。这些技术的突破，为全球能源危机提供了技术支持，使能源生产和消费更加高效与灵活。

能源效率的提升在绿色经济中也占据重要地位。通过推广节能技术和绿色建筑，减少能源的浪费是应对能源危机的有效手段。绿色建筑不仅注重建筑材料的环保性，还通过智能化管理系统优化能源的使用。家庭和企业采用节能设备、LED照明和高效空调等，可以大幅降低能源消耗。此外，工业领域的能源效率提升通过改进生产流程和引入先进设备，减少了资源浪费和能源消耗。绿色经济鼓励企业和个人采取更为节能的生产和生活方式，为全球能源危机的缓解提供了实际帮助。

绿色经济还注重推动能源消费结构的多元化。通过政策引导和市场激励，绿色经济鼓励减少对传统能源的依赖，促进清洁能源技术的研发和应用。政府通过绿色补贴、税收优惠和碳定价等手段，鼓励企业和个人投资清洁能源和节能技术，推动低碳经济的发展。同时，绿色金融的推动为绿色项目提供了资金支持，降低了清洁能源投资的风险，促进了绿色项目的快速落地。

此外，绿色经济的国际合作为应对全球能源危机提供了更广泛的解决方案。通过全球范围内的技术合作、经验分享和政策协调，国家之间能够更有效地共同应对能源挑战。例如，在可再生能源技术的研发、碳交易市场的建设等方面，国际社会可以共享资源，携手推进全球能源转型。这种国际合作不仅有助于推动全球绿色经济的建设，也为缓解全球能源危机提供了多方位的支持。

总体而言，绿色经济通过加速可再生能源的应用、提高能源效率、推动节能技术创新以及促进国际合作，正在为全球应对能源危机提供新的动力。这些举措不仅有助于缓解能源供应不足的困境，还能减少对环境的负面影响，推动全球经济向更加可持续和低碳的方向发展。

098 如何增强绿色经济的国际竞争力？

增强绿色经济的国际竞争力需要在多个方面采取积极的战略，包括推动绿色技术创新、完善政策体系、加强国际合作、优化产业结构等。通过这些措施，能够提高绿色经济的效率和可持续性，从而在全球绿色经济竞争中占据有利位置。

绿色技术创新是提升绿色经济竞争力的关键。新兴绿色技术的突破可以显著提升能源利用效率、降低成本，并推动产业的绿色转型。例如，太阳能、风能等可再生能源技术不断创新，风电、光伏发电的成本持续下降，使其成为替代传统化石能源的重要选择。此外，绿色制造和清洁技术的研发，也在减少资源浪费和环境污染方面发挥着重要作用。鼓励企业加大研发投入，推动绿色技术的商业化应用，将有助于提升本国绿色经济的国际竞争力。

优化政策体系同样至关重要。各国政府应制定并实施有利于绿色经济发展的政策，包括税收优惠、绿色信贷支持、绿色补贴等手段，为绿色产业提供政策保障。通过制定和完善绿色标准，推动绿色技术的普及和应用，同时加强环保法规的执行，鼓励企业履行社会责任，推动其向绿色方向转型。此外，绿色财政政策的引导也有助于吸引更多的绿色投资和资金流入，促进绿色产业的成长。

加强国际合作是提升绿色经济国际竞争力的重要途径。全球气候变化问题需要各国共同努力。绿色经济的跨国合作可以推动技术转移和经验分享，尤其是在发展中国家，绿色技术的引进和推广将有助于提升其绿色产业的水平。通过与国际组织、其他国家或地区的合作，能够在政策、资金和技术方面实现资源共享，共同推动绿色经济的发展。积极参与国际绿色金融市场建设、绿色贸易和碳市场，将为本国企业提供更多的国际市场机会。

产业结构优化是增强绿色经济竞争力的重要手段。发展绿色产业不仅仅是推动绿色技术的应用，还包括产业结构的绿色转型。鼓励传统产业进行绿色改造，推动高污染、高能耗的行业实现技术升级，减少其对环境的负担。通过发展绿色农业、绿色建筑、绿色交通等新兴行业，形成以绿色产业为主的经济结构，从而提高国家的绿色经济竞争力。此外，发展循环经济也有助于降低资源消耗和环境影响，推动经济的可持续发展。

绿色金融的发展为绿色经济的国际竞争力提供了有力支持。通过绿色金融工具，如绿色债券、绿色基金等，可以有效地将资本引导至绿色产业，促进可持续项目的落地。发展绿色金融体系，有助于提升国家在全球绿色金融市场中的话语权，并吸引更多的国际资本流入绿色领域，进一步促进绿色经济的发展。

提升公众和企业的绿色意识也是增强绿色经济国际竞争力的基础。随着全球环保意识的提高，消费者和投资者对绿色产品和服务的需求日益增加。企业应加强绿色品牌建设，通过绿色创新和绿色营销提升市场竞争力。同时，培养更多的绿色人才，提高劳动者的绿色素养，将为绿色产业的发展提供坚实的人力支持。

综上所述，提升绿色经济的国际竞争力需要通过技术创新、政策支持、国际合作、产业转型等多方面的措施共同推动。这些举措将有助于增强绿色经济的核心竞争力，并确保在全球绿色经济转型中占据领先地位。

099 未来绿色经济如何推动全球经济可持续发展?

未来绿色经济将成为推动全球经济可持续发展的核心力量。随着资源环境压力的加剧和气候变化的严峻挑战，绿色经济提供了一个突破性解决方案，通过低碳、环保和可持续的方式促进经济增长、改善社会福祉和保护生态环境。

绿色经济的发展推动了可再生能源的大规模应用。随着太阳能、风能、水能等可再生能源技术的进步和成本的持续下降，全球能源结构逐步从化石燃料转向清洁能源。发展绿色能源不仅减少了对石油、天然气等有限资源的依赖，还有效降低了温室气体排放，有助于减缓全球变暖。在未来，随着可再生能源技术的不断创新，绿色经济将为全球提供更加稳定、可靠的能源供应，助力各国实现低碳目标。

绿色经济的另一个重要方面是推动循环经济的发展。循环经济强调资源的重复利用、废弃物的再生利用和产品生命周期的延伸。通过优化资源配置和减少浪费，循环经济不仅有助于节约资源，还能大幅度降低环境污染，促进产业绿色转型。未来，绿色经济将加速循环经济模式的普及和应用，推动各国经济走向资源节约型和环境友好型发展路径，从而实现经济的可持续发展。

绿色产业的发展将为全球创造大量的就业机会，推动社会经济发展。绿色经济并不仅仅依赖于传统行业的绿色转型，更在于新兴绿色产业的崛起，如新能源、电动汽车、绿色建筑、节能环保等领域。这些产业不仅提升了技术水平，还催生了大量新的就业岗位，有助于推动就业结构的优化和社会财富的再分配。通过创造绿色就业机会，绿色经济不仅为各国提供了可持续的增长动力，还能够提升社会的绿色福利水平。

绿色金融将为绿色经济的可持续发展提供强有力的资金支持。随着绿色金融市场的不断壮大，投资者将更多的资金投向环保、清洁能源、绿色建筑等可持续项目。绿色债券、绿色基金和碳交易市场等金融工具的创新，进一步激发了资本市场对绿色经济的关注和支持。未来，全球将进一步深化绿色金融体系的建设，通过政策支持、市场机制和技术创新引导资金流向绿色项目，确保绿色经济的长远发展。

绿色经济推动全球经济可持续发展的关键在于政策和国际合作的加强。各国政府应在绿色经济发展中发挥主导作用，制定和执行有力的环保法规，优化产业政策，鼓励企业投资绿色技术和可持续项目。同时，国际合作将有助于技术转移、资金支持和经验共享，尤其是发展中国家，在全球绿色经济框架下将能够获得更多的发展机会。国际气候协定和绿色贸易规则的制定，将促进全球绿色经济的协同发展。

未来，绿色经济将不仅仅是单纯的环保行动，而是全球经济结构和增长方式的深刻变革。通过推动低碳、绿色、循环的经济模式，绿色经济将为全球经济提供新的增长动力，并为全球可持续发展提供长期保障。

100　绿色经济如何带动中国实现经济高质量发展？

绿色经济为中国实现经济高质量发展提供了新的路径和动力。在推动绿色经济的过程中，不仅可以有效提升资源利用效率，降低环境负担，还能促进产业结构优化，推动科技创新，实现可持续经济增长。

绿色经济通过优化能源结构，为中国的高质量发展注入了活力。中国作为全球最大的发展中国家，能源消耗与碳排放量庞大，如何有效实现能源转型成为经济高质量发展的关键。可再生能源的大规模应用，尤其是太阳能、风能和水能的发展，为中国提供了替代传统化石能源的可行方案。绿色能源的使用减少了对煤炭、石油等非可再生资源的依赖，不仅缓解了能源供应的压力，也降低了碳排放，推动了经济向低碳化、绿色化方向转型。

绿色经济推动的循环经济模式，将资源的高效利用和废物的再生利用作为核心，通过减少资源浪费和环境污染，提升了中国经济的资源效率。以垃圾分类、废物回收和再生利用为例，通过先进的技术手段，将工业废料、生活垃圾转化为可再生资源，为中国的生态环境保护提供了坚实保障。同时，循环经济还促进了绿色产品和绿色技术的创新应用，推动了经济结构的转型，帮助中国迈向高质量发展。

绿色技术创新是提升中国经济高质量发展的另一个重要动力。在绿色经济框架下，技术创新不仅限于传统产业的绿色化改造，还包括清洁能源、绿色建筑、电动汽车等新兴产业的发展。新能源技术的突破、能源储存技术的进步以及绿色建筑材料的应用，都为推动中国经济高质量发展提供了技术支持。通过持续的绿色技术创新，中国能够在全球绿色产业竞争中占据有利位置，提升国际竞争力。

绿色金融为中国经济高质量发展提供了充足的资金支持。绿色金融工具如绿色债券、绿色基金和绿色信贷等，将资本流向可持续发展领域，支持绿色项目的融资。中国在绿色金融领域的创新，尤其是绿色债券市场的快速发展，为绿色经济项目提供了可靠的资金来源，促进了环保、清洁能源和绿色建筑等领域的投资。通过绿色金融，政府能够引导资金流向绿色产业，为可持续发展提供长期保障。

绿色经济还促使中国企业进行转型升级，推动产业高端化发展。传统产业的转型升级，尤其是钢铁、水泥、化工等高污染行业的绿色化改造，提升了资源利用效率，减少了污染物排放。绿色技术的应用不仅帮助这些企业提升了经济效益，还增加了环保合规性，增强了企业的市场竞争力。同时，发展绿色经济催生了新兴行业，促进了高科技产业的发展，从而推动了中国经济的结构性优化。

在国际竞争中，绿色经济还为中国提供了国际化发展的新机遇。随着全球对气候变化问题的日益关注，各国逐渐形成了绿色贸易壁垒，推动绿色供应链和低碳产品的需求。中国在绿色技术和绿色产品的研发方面加大投入，不仅满足国内市场需求，也能够在全球市场中占据一席之地。通过积极参与国际绿色经济合作和绿色标准的制定，中国能够在全球绿色经济竞争中获得更多发展机会。

总的来说，绿色经济为中国实现经济高质量发展提供了可持续的动力。从能源转型到技术创新，从循环经济到绿色金融，绿色经济促进了中国经济在环保和资源效率方面的升级，推动产业结构优化，提升了经济的综合竞争力。这种转型为中国未来的可持续发展打下了坚实基础。